Beiträge zur empirischen Marketing- und Vertriebsforschung

Herausgegeben von
T. Bornemann, Stuttgart, Deutschland
M. Klarmann, Karlsruhe, Deutschland
D. Totzek, Passau, Deutschland

Auch heute werden Marketing und Vertrieb von vielen als Domäne von „Bauchentscheidungen" angesehen. Die vorliegende Schriftenreihe umfasst Beiträge, die einen anderen Weg gehen. Wichtige Fragestellungen, zum Beispiel aus den Bereichen Business-to-Business Marketing, Innovationsmarketing, Konsumentenverhalten, Preismanagement und Marketing Analytics, werden mit aktuellen wissenschaftlichen Verfahren empirisch untersucht. Zielsetzung der Beiträge ist es, für akademische und praktische Probleme in Marketing und Vertrieb eine faktenbasierte Grundlage zu schaffen.

Herausgegeben von

Prof. Dr. Torsten Bornemann
Universität Stuttgart
Stuttgart, Deutschland

Prof. Dr. Dirk Totzek
Universität Passau
Passau, Deutschland

Prof. Dr. Martin Klarmann
Karlsruher Institut für
Technologie (KIT)
Karlsruhe, Deutschland

Markus Bergmeier

Vertrieb in differenzierten Mehrkanalsystemen

Gestaltung, Koordination, Gewinnmaximierung

Mit einem Geleitwort von Prof. Dr. Dirk Totzek

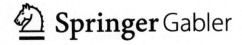 Springer Gabler

Markus Bergmeier
Passau, Deutschland

Die vorliegende Arbeit wurde von der Wirtschaftswissenschaftlichen Fakultät der Universität Passau als Dissertationsschrift angenommen. Die Disputation fand am 20. Dezember 2016 statt. Herr Prof. Dr. Dirk Totzek, Herr Prof. Dr. Jan Hendrik Schumann und Herr Prof. Dr. Oliver Entrop bildeten die Prüfungskommission.

Veröffentlicht mit finanzieller Unterstützung der Universität Passau.

Beiträge zur empirischen Marketing- und Vertriebsforschung
ISBN 978-3-658-17448-4   ISBN 978-3-658-17449-1   (eBook)
DOI 10.1007/978-3-658-17449-1

Die Deutsche Nationalbibliothek verzeichnet diese Publikation in der Deutschen National-bibliografie; detaillierte bibliografische Daten sind im Internet über http://dnb.d-nb.de abrufbar.

Springer Gabler

Gedruckt auf säurefreiem und chlorfrei gebleichtem Papier

Springer Gabler ist Teil von Springer Nature
Die eingetragene Gesellschaft ist Springer Fachmedien Wiesbaden GmbH
Die Anschrift der Gesellschaft ist: Abraham-Lincoln-Str. 46, 65189 Wiesbaden, Germany

Geleitwort

Die Komplexität des Vertriebsmanagements hat sich im Laufe der Zeit deutlich erhöht. Die Bedeutung des Online- und des Mehrkanalvertriebs wächst stetig. Zudem entstehen gerade im Internet neue Vertriebsformen wie Preisagenten und Schnäppchen-Communities. Im Ergebnis wird es für Hersteller und Händler sowie für Vertriebsmanager immer schwieriger, dieses komplexe und dynamische Vertriebsumfeld zu gestalten sowie strategische und operative Entscheidungen zu treffen. Dies bezieht sich insbesondere auf grundlegende Aspekte der Vertriebssystemgestaltung, die kanalübergreifende Koordination der Marketing- und Vertriebsaktivitäten sowie konkrete preispolitische Entscheidungen.

An dieser Stelle setzt Herr Bergmeier mit seiner Dissertationsschrift an. Übergeordnetes Ziel der Arbeit ist die Verbesserung eines analytisch geprägten Verständnisses von Marketing- und Vertriebsentscheidungen in differenzierten und dynamischen Mehrkanalumgebungen. Die Arbeit setzt drei thematische Schwerpunkte: (1) die Gestaltung und Koordination differenzierter Mehrkanalsysteme, (2) das Treffen gewinnoptimaler Preisentscheidungen in differenzierten und dynamischen Mehrkanalumgebungen und (3) die Analyse von Determinanten der Popularität von Online-Schnäppchen als eine spezifische Form des Online-Vertriebs und der Sonderpreisaktion.

Die erste Studie untersucht die Auswirkungen der Vertriebssystemgestaltung sowie zentraler Koordinationsinstrumente auf die optimale Preissetzung und die Gewinne von Herstellern und Händlern. Grundlage ist ein spieltheoretisches Modell, das die in der Praxis vorherrschende Komplexität abbilden kann und mit Daten von Herstellern unterschiedlicher Branchen kalibriert wird. Auf Basis seiner Analysen formuliert Herr Bergmeier sechs Thesen zur optimalen Gestaltung und Koordination komplexer Vertriebssysteme. Die Studie liefert klare Implikationen für die Preissetzung, wenn neue Vertriebskanäle zu einem bestehenden Vertriebssystem hinzugefügt werden. Bemerkenswert ist überdies, dass die richtige Gestaltung differenzierter Mehrkanalsysteme die Gewinne der Vertriebssystemmitglieder im zweistelligen Prozentbereich steigern kann. Dazu werden die notwendigen Rahmenbedingungen identifiziert. Insbesondere wird das komplexe Zusammenspiel von Preis-, Marken- und Servicedifferenzierung beleuchtet.

Die zweite Studie untersucht die dynamische Preissetzung in differenzierten Mehr-kanalsystemen. Das von Herrn Bergmeier ausführlich dargestellte quadratische Op-timierungsmodell erlaubt es insbesondere, den optimalen Herstellerabgabe- bzw. Einzelhandelspreis pro Vertriebskanal, Produkt, Konsumentensegment und Periode zu bestimmen. Wie wirkungsvoll das Entscheidungsunterstützungssystem in der Praxis sein kann, wird anhand von Preisexperimenten untersucht, in denen die Vor-hersagen des Modells mit Entscheidungen von Studierenden und Managern vergli-chen werden. Es zeigen sich systematische Abweichungen von den gewinnmaximie-renden Vorhersagen. Insbesondere zeigen sich drei Entscheidungsmuster: Erstens setzen Manager tendenziell zu niedrige Preise. Zweitens tendieren Manager dazu, Preise nicht ausreichend an Nachfragedynamiken anzupassen. Drittens neigen Ma-nager dazu, deutlich höhere Preise in Offline-Vertriebskanälen als in Online-Vertriebskanälen zu setzen.

In der dritten Studie werden die zentralen Determinanten der Schnäppchenpopulari-tät in entsprechenden Online-Communities identifiziert. Aufbauend auf der Signaling- und der Social Influence-Theorie zeigt Herr Bergmeier, dass sowohl intrinsische Sig-nale, die direkt auf der Schnäppchenseite verfügbar sind, als auch extrinsische Sig-nale, die aus externen Quellen bezogen werden, die Schnäppchenpopularität beein-flussen. Beachtenswert ist insbesondere die umgekehrt U-förmige Beziehung zwi-schen dem Schnäppchenpreis und der Popularität. Zudem hängt die Popularität von sozialen Hinweisen wie der Kommentaranzahl oder dem Status des Schnäppchen-erstellers ab. Basierend auf den Ergebnissen können Hersteller und Händler den Fokus auf die Eigenschaften eines Schnäppchens legen, die besonders wichtig für Konsumenten sind.

Insgesamt trägt die Arbeit von Herrn Bergmeier in vielerlei Hinsicht zu einem verbes-serten analytischen Verständnis der Komplexität von Marketing- und Vertriebsaktivi-täten in differenzierten Mehrkanalsystemen bei. Die Modelle und empirischen Ergeb-nisse aller drei Studien können Marketing- und Vertriebsentscheidungen von Unter-nehmen verbessern und liefern wichtige Impulse für die Marketing- und Vertriebsfor-schung. Der Arbeit ist daher eine weite Verbreitung in Wissenschaft und Praxis zu wünschen.

Dirk Totzek

Vorwort

Die vorliegende Arbeit entstand während meiner Zeit als wissenschaftlicher Mitarbeiter am Lehrstuhl für Betriebswirtschaftslehre mit Schwerpunkt Marketing und Services an der Universität Passau. Sie wurde im Dezember 2016 von der Wirtschaftswissenschaftlichen Fakultät als Dissertationsschrift angenommen. Ich möchte diese einführenden Worte nutzen, um all denjenigen zu danken, die mich auf diesem Weg maßgeblich begleitet und unterstützt haben.

Zunächst gilt mein besonderer Dank meinem Doktorvater und akademischen Lehrer Herrn Prof. Dr. Dirk Totzek, der mir sowohl bei der Auswahl des Themas als auch bei der Gestaltung der Arbeit alle Freiheiten eingeräumt hat. Sein Gespür für interessante Fragestellungen und sein Blick für das Wesentliche haben mir bei der Ausarbeitung der Arbeit sehr geholfen. Durch seine erstklassige Betreuung hat er entscheidend zum Erfolg dieser Arbeit beigetragen. Insbesondere für das mir entgegengebrachte Vertrauen sowie die professionelle Arbeitsatmosphäre am Lehrstuhl möchte ich mich bei ihm bedanken. Herrn Prof. Dr. Jan Hendrik Schumann danke ich für die bereitwillige Übernahme und äußerst zügige Erstellung des Zweitgutachtens sowie die Vielzahl an wertvollen Seminaren.

Des Weiteren möchte ich mich bei meinen Kollegen an der Universität Passau bedanken, allen voran Daniel Maar. Ich hätte mir keinen besseren Bürokollegen wünschen können. Erika Langer danke ich von Herzen für ihre freundliche, positive und stets aufmunternde Art. Auch die Konferenzreise nach Las Vegas zusammen mit Philipp Leinsle und der anschließende Roadtrip bleiben mir in guter Erinnerung. Dank gebührt ebenfalls allen studentischen Hilfskräften, die mich unterstützten. Hierbei sei insbesondere Alexander Giedt genannt. Zudem danke ich Prof. Dr. Michael Scholz für die erfolgreiche Zusammenarbeit bei einem gemeinsamen Publikationsprojekt. Darüber hinaus gilt auch Simon Hatzesberger ein großer Dank, den ich fachlich und menschlich sehr schätze. Für die gemeinsame Zeit nach getaner Arbeit oder in Pausen während der Arbeit danke ich Katharina Werner, Susanna Grundmann und Katrin Huber, denen ich in den letzten drei Jahren aufgrund des engen Zeitplans zu häufig absagen musste.

Darüber hinaus danke ich Andreas Diepold, meinem erstklassigen Mentor bei der BSH, der sich vor acht Jahren beim Assessment Center für mich entschied, meinen Weg über die BSH hinaus unterstützte und den ich zukünftig wieder meinen Kollegen nennen darf. Ein ganz herzlicher Dank gilt auch Achim Winzeck, der mich von Beginn an förderte und nach wie vor fachlich und menschlich unheimlich bereichert. Ferner möchte ich auch noch Prof. Dr. Andreas Schutkin danken, der mich während meines Masterstudiums in Vertriebsthemen und darüber hinaus inspirierte und motivierte.

Auch allen meinen Freunden, die mich in den letzten Jahren auf ihre Art unterstützten, möchte ich von Herzen danken, insbesondere Mathias Beringer, Florian Bumberger, Florian Gerth, Matthias Gubisch und Matthias Wahl. Ein ganz besonderer Dank gilt Christian Mandl für die glorreiche Schwabinger Zeit, die wegweisend für uns beide war und die mir viel bedeutet.

Danken möchte ich auch meiner Familie. An erster Stelle seien meine Großeltern genannt, die ich als Nesthäkchen der Familie leider zu kurz erleben durfte. Sie wären sicher sehr stolz und was täte ich nur dafür, dass sie diese Zeilen lesen könnten. Danke auch an alle Tanten und Onkel, Cousinen und Cousins sowie an Monika Kohl und Horst Zillinger für die Unterstützung, Zuneigung und die vielen schönen gemeinsamen Momente. Unendlich dankbar bin ich meiner wundervollen Freundin Olya Ivanova, die ein unverzichtbarer Rückhalt für mich war, ist und hoffentlich immer sein wird. Dabei hat sie mich nicht nur menschlich mit ihrer liebevollen, positiven, fröhlichen und unverwechselbaren Art zu jeder Sekunde meiner Zeit in Passau bereichert, sondern war überdies auch fachlich eine unheimlich wertvolle Ansprechpartnerin, die immer ein offenes Ohr für mich hatte. Meinen Eltern Margit und Karl-Heinz Bergmeier gebührt schließlich der größte Dank. Sie haben mich auf meinem Lebensweg ausnahmslos tatkräftig und unbeschreiblich liebevoll unterstützt und mir die notwendigen Talente mitgegeben, um eine hervorragende Ausbildung genießen zu dürfen. Ihnen widme ich daher von Herzen und in tiefster Dankbarkeit diese Arbeit.

Markus Bergmeier

Inhaltsverzeichnis

Abbildungs- und Tabellenverzeichnis

Abbildungen

Tabellen

1 Einleitung

1.1 Relevanz der Themenstellung

„50 % Modell + 50 % Manager(-intuition)" lautete die Formel in dem vor über zweieinhalb Jahrzehnten erschienenen Artikel von Blattberg/Hoch (1990) zu optimalen Vertriebs- und Marketingentscheidungen in Unternehmen.

Zwischenzeitlich hat sich das Umfeld, in dem diese Entscheidungen getroffen werden, vor allem durch die fortschreitende Digitalisierung und die Etablierung des Internets als zusätzlicher Vertriebskanal drastisch verändert (vgl. Verhoef/Kannan/Inman 2015). Eine Vielzahl an Kunden kauft oder informiert sich vor bzw. während des Kaufs online (vgl. Kumar/Venkatesan 2005). Im deutschen Nonfood-Markt entfallen bereits 54 % des Absatzes und 71 % des Umsatzes auf Konsumenten, die kanalübergreifend einkaufen. Damit weisen sie gemäß aktueller GfK-Daten eine deutlich höhere Kaufintensität als exklusive Offline-Käufer auf (vgl. HDE 2016). Um daran partizipieren zu können, setzen Unternehmen verstärkt auf differenzierte Mehrkanalsysteme mit mehreren indirekten/direkten Online- und Offline-Vertriebskanälen (vgl. z. B. Ganesan et al. 2009; Neslin/Shankar 2009).

In Zeiten, in denen Entscheidungen in immer differenzierteren (vgl. Lee et al. 2013) und dynamischeren (vgl. Littleson 2008) Vertriebsumgebungen stattfinden, scheint sich das eingangs angesprochene Verhältnis von Modell vs. Manager(-intuition) zu Gunsten von Modellen zu verschieben (vgl. Power/Sharda 2007). Akute strategische Fragestellungen der Vertriebssystemgestaltung (vgl. Anderson/Day/Rangan 1997), genauso wie taktische Fragestellungen des optimalen „Settings" der von Herstellern und Händlern beeinflussbaren Vertriebssystemvariablen (z. B. Preise, Marken, Serviceniveaus) (vgl. Cattani et al. 2006), erfordern eine systematische, auf analytischen Modellen basierende Herangehensweise (vgl. z. B. Yoo/Lee 2011).

Aufgrund der großen Wirkungsstärke von Preisen (vgl. Eisend 2015) nehmen sie bei der Vertriebssystemkoordination eine Sonderstellung ein. Dabei zeigt sich ein klarer Trend hin zu dynamischen bzw. flexiblen Preistaktiken in Form unterschiedlicher Preise pro Vertriebskanal, Produkt, Konsument und Zeitpunkt (vgl. Kambil/Agrawal 2001). Dies lässt sich insbesondere auf die mit dem Online-Handel einhergehende erhöhte Verfügbarkeit von Daten und erleichterte Veränderbarkeit von Preisen zurückführen (vgl. Elmaghraby/Keskinocak 2003). Mit der erhöhten Dynamik steigt jedoch die Komplexität weiter an. Die hohe Preistransparenz (vgl. Zhang/Jiang 2014) in Verbindung mit dem extensiven Einsatz von Rabattaktionen durch Hersteller und Händler (vgl. z. B. Reed 2013) und der zunehmenden Vernetzung von Konsumenten untereinander (vgl. Li et al. 2011) sowie einer hohen Verbreitungsgeschwindigkeit von Informationen zwischen letzteren (vgl. Cheung/Lee 2012) führen überdies zu weiteren Phänomenen, mit denen sich Vertriebsmanager in jüngerer Zeit konfrontiert sehen. Dazu zählen insbesondere auch Online-Schnäppchen-Communities, deren Mitglieder von anderen Nutzern gepostete Schnäppchen diskutieren, bewerten und häufig auch kaufen (vgl. Luo et al. 2014; Thompson/Gooner/Kim 2015). Auch darauf gilt es sich im Rahmen der Vertriebssystemkoordination einzustellen.

Entscheidungen bezüglich der Vertriebssystemgestaltung und -koordination gehören zu den wichtigsten Marketingentscheidungen (vgl. Chu/Chintagunta/Vilcassim 2007). Gelingt es Unternehmen, ihr Vertriebssystem effektiv zu gestalten und zu koordinie-ren, entstehen Synergien und es reduzieren sich Kannibalisierungseffekte zwischen Vertriebskanälen (vgl. Avery et al. 2012). Dies kann zu deutlichen Umsatz- (vgl. z. B. Pauwels/Neslin 2015: +20 %) sowie Gewinnsteigerungen (vgl. z. B. Cattani et al. 2006: +150 %) für Hersteller und Händler führen.

Vertriebsmanager stoßen allerdings aufgrund der Komplexität, der Vielzahl an mögli-chen Optionen und ihrer eingeschränkten Rationalität häufig an ihre Grenzen (vgl. Simon 1982). Abhilfe können Entscheidungsunterstützungssysteme leisten, die es Managern durch eine systematische Berücksichtigung von Daten und Wissen in ei-nem analytischen Modell ermöglichen, mehr Entscheidungsoptionen einzubeziehen, den Einfluss verschiedener Entscheidungsvariablen festzustellen und bestehende mentale Modelle zu korrigieren (vgl. Lilien 2011). Stenfors et al. (2007) zeigen, dass Manager an derartigen Systemen insbesondere die Unterstützung bei strategischen Entscheidungen sowie die Effizienzsteigerung bei operativen Prozessen schätzen.

Jedoch finden Entscheidungsunterstützungssysteme trotz ihrer inzwischen über 65-jährigen Historie (vgl. Leeflang/Wittink 2000) in der Marketingpraxis nach wie vor kei-ne breite Anwendung (vgl. Lilien 2011). So veranschaulichen die Ergebnisse einer aktuellen Umfrage unter knapp 3.000 führenden Marketingverantwortlichen, dass beispielsweise nur jedes vierte Unternehmen bei Preisentscheidungen Marketing-Analysetools einsetzt (vgl. Moorman 2016). Die Mehrzahl der Manager vertraut nach wie vor auf ihre Intuition, ihre Erfahrung und mentale Modelle (vgl. Salas/Rosen/Diaz-

Granados 2010). Dieses Verhalten kann allerdings zu einer Bandbreite an Urteils- und Entscheidungsverzerrungen führen (vgl. Tversky/Kahneman 1974).

Vor diesem Hintergrund ist es das Ziel der vorliegenden Arbeit, einen Beitrag zur systematischen Gestaltung und Koordination von differenzierten Vertriebssystemen in Unternehmen zu leisten. Um einen hohen Praxisbezug herzustellen, berücksichtigen die in dieser Arbeit entwickelten Modelle realistische Geschäftsszenarien und werden – im Einklang mit vergleichbaren Arbeiten (vgl. z. B. Caro/Gallien 2012; Natter et al. 2007) – umfassend dargestellt und detailliert erläutert. Dies ist eine Grundvoraussetzung für eine mögliche Adaption auf Praxisseite bzw. die Überbrückung der Kluft zwischen Theorie und Praxis, die bei Entscheidungsunterstützungssystemen im Marketing vorherrscht (vgl. Lilien 2011). Im Fokus steht dabei die Herstellerperspektive. Alle in dieser Arbeit dargestellten Modelle sind jedoch auch auf Händler übertragbar.

Abbildung 1.1 illustriert den Untersuchungsrahmen dieser Arbeit. Wie eingangs diskutiert, vertreiben Hersteller ihre Produkte vermehrt über differenzierte Vertriebssysteme, die es effektiv zu gestalten gilt. Selbst Unternehmen, die sich ursprünglich über einen ausschließlich personengestützten Direktvertrieb definierten, eröffnen inzwischen Shops in Innenstädten und setzen auf den Online-Handel (vgl. Strecker 2015).

Betrachtet man die Ebene der Business-to-Business-/B2B-Beziehungen, die im Fokus von Studie 1 und Studie 2 dieser Arbeit sind, so stehen Hersteller einer heterogenen, differenzierten und sich stetig wandelnden Handelsstruktur gegenüber, die sich in reine Offline-, reine Online-, und Mehrkanalhändler untergliedern lässt (vgl. Helbling/Leibowitz/Rettaliata 2011). Während der reine Offline-Handel in den letzten Jahren stagniert und Marktanteilsverluste verzeichnet (-), wächst der Online- bzw. Mehrkanalhandel deutlich (+) (vgl. HDE 2016). Dazu kommt, dass sich die Vertriebskanäle in ihren Eigenschaften unterscheiden, zum Beispiel hinsichtlich der sofortigen Verfügbarkeit von Produkten, des Einkaufserlebnisses oder des Serviceniveaus (vgl. Dumrongsiri et al. 2008; Tsay/Agrawal 2000). Letzteres wird zusammen mit einer Differenzierung von Preisen und Marken zwischen Vertriebskanälen häufig zu Koordinationszwecken eingesetzt, da diese auf der Ebene der Business-to-Consumer-/B2C-Beziehungen ausschlaggebend bei der Kanalentscheidung von Konsumenten (vgl. Devaraj/Fan/Kohli 2002; Rohm/Swaminathan 2004) und wesentlich für die Gewinne von Herstellern und Händlern sind (vgl. z. B. Dan/Xu/Liu 2012; Xiao/Yang 2008; Yan 2011).

Die Produkte gelangen schließlich über direkte Hersteller- und indirekte Händlerkanäle an heterogene Konsumentensegmente, die beispielsweise eine unterschiedliche Preis- und Servicesensibilität aufweisen (vgl. Chen/Fang/Wen 2013). Bei ihrer Kaufentscheidung informieren sich Konsumenten dabei häufig mit Hilfe von Preissuchmaschinen (vgl. Bodur/Klein/Arora 2015) und Online-Schnäppchen-Communities (vgl. Gopal et al. 2006). Letztere gewinnen in jüngster Zeit stark an Zuspruch und ermöglichen ihren Nutzern, sich zeit- und ortsunabhängig über besonders attraktive Angebote auszutauschen (vgl. Grewal et al. 2012). So wurde beispielsweise ein in einer Schnäppchen-Community veröffentlichter, beliebig oft verwendbarer Gutscheincode, der zwischen 88 und 400 Euro Rabatt bei einem großen deutschen Online-Händler bringen sollte, innerhalb weniger Stunden 50.000-mal eingelöst (vgl. Spiegel 2012). Dies verdeutlicht den hohen Stellenwert und die Dynamik dieser Portale im Online-Handel. Effektiv in die eigenen Verkaufsförderungsaktionen einbezogen bieten Online-Schnäppchen-Communities für Hersteller und Händler die Möglichkeit, Relevanz zu gewinnen, positiven „Buzz" zu generieren und Gewinne zu steigern (vgl. Kuan/Zhong/Chau 2014; Lee/Lee/Oh 2015). Diese auf der Ebene B2C befindliche Thematik steht im Fokus von Studie 3 dieser Arbeit.

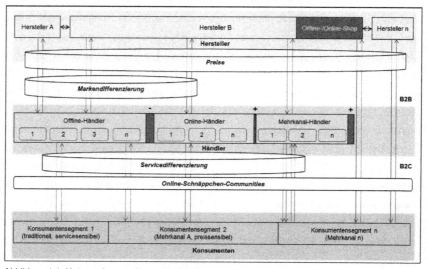

Abbildung 1.1: Untersuchungsrahmen der Arbeit

1.2 Forschungsfragen und Aufbau der Arbeit

Die Forschung zur effektiven Gestaltung und Koordination von Vertriebssystemen hat ihren Ursprung in den grundlegenden Studien von Jeuland/Shugan (1983) und McGuire/Staelin (1983), die mit Mengenrabatten bzw. einem zweiteiligen Tarif preisliche Koordinationsmechanismen behandeln. Darauf folgten zahlreiche weitere, insbesondere analytische Studien zu preislichen und nicht-preislichen Koordinationsmechanismen sowie zur Wahl des gewinnmaximierenden Vertriebssystems (vgl. z. B. Cai 2010; Chiang/Chhajed/Hess 2003; Lee/So/Tang 2000; Pasternack 1985).

Bei genauerer Betrachtung wird allerdings deutlich, dass bisherige Studien zur Vertriebssystemgestaltung und -koordination nur unzureichend differenzierte Mehrkanalsysteme mit mehreren indirekten und mehreren direkten Vertriebskanälen berücksichtigen (vgl. Pei/Yan 2015). Vielmehr werden häufig aus Vereinfachungsgründen lediglich Einkanal- oder Zweikanal-Vertriebssysteme analysiert (vgl. z. B. Cattani et al. 2006; Huang/Swaminathan 2009). Offen ist demnach, ob die gewonnenen Erkenntnisse auch unter komplexeren Vertriebsumgebungen gelten.

Des Weiteren liefert die Forschung nur unzureichend Implikationen zur Preissetzung, wenn neue Kanäle hinzugefügt werden (vgl. Lee et al. 2013). Dies gilt im Hinblick auf die optimalen direkten vs. indirekten Online- vs. Offline-Einzelhandelspreise unter verschiedenen Umweltbedingungen. Zudem wurden die zentralen Koordinationsinstrumente Preissetzung, Marken- und Servicedifferenzierung jeweils zu zweit (vgl. z. B. Tsay/Agrawal 2000; Yan 2011), aber noch nicht im Zusammenspiel untersucht. Auch bleiben zumeist Marktpotentialparameter unberücksichtigt, obwohl differenzierte Vertriebssysteme im Vergleich zu einfacheren Vertriebssystemen mehr Konsumenten erreichen können (vgl. Moriarty/Moran 1990; Tsay/Agrawal 2004).

Vor diesem Hintergrund lauten die ersten beiden Forschungsfragen unter Berücksichtigung differenzierter Vertriebssysteme und unterschiedlicher Umweltbedingungen:

Forschungsfrage 1a: Welchen Einfluss hat die Vertriebssystemgestaltung auf die optimale Preissetzung und die Gewinnsituation von Herstellern und Händlern?

Forschungsfrage 1b: Welchen Einfluss haben zentrale Koordinationsmechanismen auf die Gewinne von Herstellern und Händlern?

Neben diesen strategisch gelagerten Fragestellungen sind derzeit auch Fragen nach den gewinnmaximierenden dynamischen Preistaktiken im Fokus von Forschung und Praxis (vgl. Chen/Chen 2015). Dabei adressieren bisherige Studien die Preissetzung in differenzierten sowie dynamischen Vertriebsumgebungen und die damit verbundenen Phänomene aus drei separaten Blickwinkeln.

Der erste Forschungsstrang analysiert Preise als Koordinationsinstrument in Mehrkanalsystemen, allerdings zumeist in statischen Vertriebsumgebungen und relativ isoliert (vgl. z. B. Huang/Swaminathan 2009). Kopalle et al. (2009) und Zhang et al. (2010) identifizieren einen Bedarf an Entscheidungsunterstützungssystemen, die es ermöglichen, Aspekte der dynamischen Preissetzung, Verkaufsförderung und Lagerbestandsplanung ganzheitlich und damit realitätsnäher zu optimieren.

Der zweite Forschungsstrang analysiert dynamisches Preismanagement in einfacheren Vertriebsumgebungen (vgl. z. B. Biller et al. 2005). Agatz/Fleischmann/van Nunen (2008) stellen einen Mangel an Studien fest, welche die dynamische Preissetzung in differenzierten Vertriebssystemen näher beleuchten, da stark vereinfachte Umgebungen nicht mehr der Vertriebspraxis entsprechen.

Der dritte Forschungsstrang analysiert systematische Urteils- und Entscheidungsverzerrungen von Managern im Allgemeinen (vgl. z. B. Mizik 2010), und vereinzelt auch in Bezug auf die Preissetzung (vgl. z. B. Griffith/Rust 1997). Chen/Chen (2015) ermitteln in diesem Zusammenhang die Notwendigkeit von Studien, welche die Rolle von verhaltenswissenschaftlichen Aspekten gerade bei dynamischen Preisentscheidungen von Managern einbeziehen und Vergleiche zu modellbasierten Vorhersagen vornehmen.

Zusammenfassend lassen sich deshalb folgende zwei Forschungsfragen ableiten:

Forschungsfrage 2a: Wie kann ein effizientes Entscheidungsunterstützungssystem zur dynamischen Preissetzung in differenzierten Mehrkanalsystemen aussehen?

Forschungsfrage 2b: Gibt es bei der dynamischen Preissetzung signifikante Unterschiede zwischen den Urteilen von Managern und den Vorhersagen von Entscheidungsunterstützungssystemen?

Neben der strategischen Gestaltung und Koordination (Auswahl der gewinnmaximierenden Vertriebskanäle sowie der Preis-, Marken-, und Servicedifferenzierungsniveaus) und der optimalen dynamischen Preissetzung in differenzierten Mehrkanalsystemen soll auch das für Hersteller und Händler relevante Phänomen der Online-Schnäppchen-Communities näher untersucht werden (vgl. Abbildung 1.1).

Im Fokus stehen dabei Schnäppchenportale, die auf nutzergenerierten Inhalten basieren, unabhängig von Firmen sind und deshalb von Nutzern deutlich glaub- und vertrauenswürdiger eingeschätzt werden (vgl. Benlian/Tiah/Hess 2012). Die Effektivität derartiger Online-Schnäppchen-Communities, einhergehend mit den Kaufraten ihrer Nutzer (vgl. Luo et al. 2014), hängt entscheidend von der Frage ab, wie attraktiv die geposteten Schnäppchen eingeschätzt werden. In diesem Zusammenhang integrieren viele Schnäppchenportale einen leicht ersichtlichen Indikator der Schnäppchenpopularität: die Differenz zwischen positiven und negativen Votes der Communitymitglieder (vgl. z. B. HotUKDeals 2016). Dieser Indikator soll die Unsicherheit von Nutzern bezüglich der Qualität oder des Werts eines Schnäppchenangebots reduzieren (vgl. Ba/Pavlou 2002).

Gemäß der Signaling-Theorie von Akerlof (1970) könnten Konsumenten neben dem Schnäppchenpreis auch noch nach zusätzlichen Signalen Ausschau halten, wie beispielsweise der Reputation des Schnäppchenerstellers, Kommentare anderer Nutzer oder Produkt- und Verkäuferbewertungen, um sich eine umfassende Meinung über die Schnäppchenqualität zu bilden (vgl. Gu/Park/Konana 2012). Für Hersteller und Händler ist die Identifizierung von relevanten Einflussfaktoren/Signalen von besonderem Interesse, da sich daraus Implikationen für eine gewinnmaximierende Gestaltung von Verkaufsförderungsaktionen ableiten lassen.

Allerdings mangelt es noch an Studien, welche die relevanten Einflussfaktoren auf die Schnäppchenpopularität im Kontext nutzergenerierter Inhalte untersuchen (vgl. Yadav/Pavlou 2014). Der bisherige Forschungsfokus liegt auf Schnäppchenangeboten von Unternehmen (wie im Falle von Groupon) (vgl. z. B. Lee/Lee/Oh 2015). Online-Schnäppchen-Communities unterscheiden sich allerdings davon, da sie es nur firmenunabhängigen Nutzern erlauben, Schnäppchen beizusteuern.

Darauf aufbauend lautet die abschließende Forschungsfrage:

Forschungsfrage 3: Welche Faktoren haben Einfluss auf die Popularität von Online-Schnäppchen?

Zur Beantwortung der Forschungsfragen wurden drei Studien durchgeführt, deren Ergebnisse in den folgenden Kapiteln vorgestellt werden. Tabelle 1.1 gibt einen

Überblick über die Forschungsfragen sowie die entsprechenden Kapitel, in denen diese beantwortet werden.

Forschungsfragen (unter expliziter Berücksichtigung differenzierter Mehrkanalsysteme in Studie 1 und Studie 2)	Beantwortung der Forschungsfrage		
	Kapitel 2 (Studie 1)	Kapitel 3 (Studie 2)	Kapitel 4 (Studie 3)
Forschungsfrage 1a: Welchen Einfluss hat die Vertriebssystemgestaltung auf die optimale Preissetzung und die Gewinnsituation von Herstellern und Händlern?	✓		
Forschungsfrage 1b: Welchen Einfluss haben zentrale Koordinationsmechanismen auf die Gewinne von Herstellern und Händlern?	✓		
Forschungsfrage 2a: Wie kann ein effizientes Entscheidungsunterstützungssystem zur dynamischen Preissetzung in differenzierten Mehrkanalsystemen aussehen?		✓	
Forschungsfrage 2b: Gibt es bei der dynamischen Preissetzung signifikante Unterschiede zwischen den Entscheidungen von Managern und den Vorhersagen von Entscheidungsunterstützungssystemen?		✓	
Forschungsfrage 3: Welche Faktoren haben Einfluss auf die Popularität von Online-Schnäppchen?			✓

Tabelle 1.1: Überblick über die Forschungsfragen der Arbeit

Die vorliegende Arbeit gliedert sich in fünf Kapitel. In Kapitel 1 wurde zunächst die Relevanz der systematischen Gestaltung und Koordination differenzierter Vertriebssysteme aufgezeigt (vgl. Abschnitt 1.1). Ebenso wurden Forschungslücken identifiziert und darauf aufbauend die zentralen Forschungsfragen formuliert (vgl. Abschnitt 1.2).

Kapitel 2 stellt die Ergebnisse der ersten Studie vor, die sich der Beantwortung der Forschungsfragen 1a und 1b widmet (vgl. Tabelle 1.1). Folglich behandelt Kapitel 2 den Einfluss der (differenzierten) Vertriebssystemgestaltung auf die optimale Preissetzung und die Gewinne von Herstellern und Händlern. Überdies wird der Einfluss zentraler Koordinationsmechanismen (Preis-, Marken- und Servicedifferenzierung) auf die Gewinne der Vertriebssystempartner untersucht. In seinem Aufbau entspricht Kapitel 2 in seiner Struktur einem wissenschaftlichen Arbeitspapier. Nach der Darstellung der Relevanz des Themas in Abschnitt 2.1 erfolgt die Abhandlung des konzeptionellen Hintergrunds zur analytischen Vertriebssystemgestaltung und -koordination (vgl. Abschnitt 2.2). In Abschnitt 2.3 wird das der Studie 1 zugrunde liegende spieltheoretische Modell eingeführt, für das zunächst der Daten-Input zweier Hersteller näher beschrieben wird (vgl. Abschnitt 2.4), bevor es in Abschnitt 2.5 in Form einer numerischen Analyse Antworten auf die Forschungsfragen 1a und 1b liefert. Nach umfangreichen Robustheitschecks schließt Kapitel 2 mit Implikationen für die Forschung und Unternehmenspraxis sowie möglichen Anknüpfungspunkten zukünftiger Forschungsarbeiten (vgl. Abschnitt 2.6).

Kapitel 3, ebenfalls dem Aufbau eines wissenschaftlichen Arbeitspapiers entsprechend, befasst sich mit der dynamischen Preissetzung und dient der Beantwortung der Forschungsfragen 2a und 2b (vgl. Tabelle 1.1). Demnach erfolgt zunächst die Erläuterung der Relevanz von Studie 2 (vgl. Abschnitt 3.1). Daran schließt sich in Abschnitt 3.2 der konzeptionelle Bezugsrahmen der Untersuchung an, im Zuge dessen die drei relevanten Forschungsstränge im Themengebiet komprimiert dargestellt und schließlich Hypothesen zu vermuteten Abweichungen zwischen Mehrkanal-Preisentscheidungen von Managern und den Vorhersagen eines Entscheidungsunterstützungssystems aufgestellt werden. In Abschnitt 3.3 folgt in Bezug auf Forschungsfrage 2a die Formulierung eines quadratischen Optimierungsmodells zur dynamischen Preissetzung in differenzierten Mehrkanalsystemen. In Abschnitt 3.4 wird die experimentelle Studie dargelegt, mit der die Hypothesen überprüft und Antworten auf Forschungsfrage 2b gegeben werden (vgl. Abschnitt 3.5). Schließlich werden die Ergebnisse der Untersuchung diskutiert und Implikationen sowie Limitationen und Anknüpfungspunkte abgeleitet (vgl. Abschnitt 3.6).

Kapitel 4 widmet sich der Beantwortung von Forschungsfrage 3 (vgl. Tabelle 1.1). Folglich geht es um die Determinanten der Popularität von Online-Schnäppchen. Der Struktur eines wissenschaftlichen Arbeitspapiers folgend werden zunächst die Relevanz von Studie 3 (vgl. Abschnitt 4.1) sowie ihr konzeptioneller Hintergrund dargestellt (vgl. Abschnitt 4.2). Hieran schließt sich die Herleitung der Hypothesen in Abschnitt 4.3 an. Diese werden dann auf Basis einer empirischen Analyse mit Daten zu 604 Smartphone- und DVD-/Blu-ray-Schnäppchen aus einer führenden deutschen Online-Schnäppchen-Community untersucht (vgl. Abschnitt 4.4). In Abschnitt 4.5 erfolgt die Diskussion der Ergebnisse, die zusätzlich einem Robustheitscheck unterzogen werden (vgl. Abschnitt 4.6). Kapitel 4 schließt mit einer Diskussion, in der Implikationen für Forschung und Praxis abgeleitet werden (vgl. Abschnitt 4.7).

In Kapitel 5 werden die zentralen Ergebnisse, die im Rahmen dieser Arbeit gewonnen wurden, sowie die damit verbundenen Implikationen für Forschung und Praxis zusammengefasst. Zudem wird der übergeordnete Erkenntnisbeitrag der Arbeit diskutiert.

2 Optimale Gestaltung und Koordination differenzierter Mehrkanalsysteme

2.1 Einleitung

Vertriebssysteme werden immer differenzierter und komplexer, da Hersteller und Händler eine zunehmende Zahl an Vertriebskanälen (direkt wie indirekt, online wie offline) nutzen (vgl. Jindal et al. 2007; Verhoef/Kannan/Inman 2015; Vinhas/Heide 2014). Dies ist insbesondere auf drei Gründe zurückzuführen. Erstens nimmt der E-Commerce-Handel weiter stark zu. Prognosen gehen davon aus, dass sich der weltweite E-Commerce-Umsatz von 840 Milliarden US-Dollar im Jahr 2014 auf mehr als 1.506 Milliarden US-Dollar im Jahr 2018 verdoppeln wird (vgl. Ben-Shabat et al. 2015). Dabei setzen etablierte Online-Händler einerseits ihren Expansionskurs fort. Andererseits setzen auch traditionelle Händler zunehmend auf den Online-Vertriebsweg (vgl. Bernstein/Song/Zheng 2008; Dinner/Van Heerde/Neslin 2014). Zweitens eröffnen Online-Händler verstärkt auch Offline-Kanäle, um so ein multisensorisches Einkaufserlebnis bieten zu können (vgl. Avery et al. 2012), das über Kanalgrenzen hinausgeht. Drittens investieren Hersteller, die bislang auf den indirekten Vertrieb gesetzt haben, zunehmend auch in direkte Beziehungen zu Endkunden – online wie offline (vgl. Dumrongsiri et al. 2008; Ganesan et al. 2009).

Basierend auf diesen Entwicklungen und der Vielzahl an Gestaltungsoptionen für Vertriebssysteme ist es für Hersteller und Händler zentral, das optimale Vertriebssystem zu wählen. Diese Wahl der idealen Zahl an Vertriebskanälen und Vertriebsstufen von Hersteller und Händlern ermöglicht ihnen, sowohl ihr Wachstum als auch ihre Profitabilität zu steigern, wie beispielsweise die Studien von Chu/Chintagunta/Vilcassim (2007) und Venkatesan/Kumar/Ravishanker (2007) zeigen.

Gerade in sehr dynamischen Märkten sind differenzierte Vertriebssysteme ein wichtiger Erfolgsfaktor (vgl. Neslin et al. 2006; Neslin/Shankar 2009; Van Bruggen et al. 2010). Insbesondere wenn es Unternehmen gelingt, die Vertriebsstrategie in Einklang mit der übergreifenden Unternehmensstrategie und den Umweltbedingungen zu bringen, wirkt sich das Hinzufügen neuer Vertriebskanäle umsatzsteigernd aus (vgl. Avery et al. 2012; Kabadayi/Eyuboglu/Thomas 2007; Pauwels/Neslin 2015).

Dabei hat die bisherige Forschung die optimale Vertriebssystemgestaltung überwiegend mittels einfacherer analytischer Modelle (vgl. z. B. Cai 2010; Choi 1996; McGuire/Staelin 1983) adressiert. Diese bilden allerdings nicht vollständig die Komplexität differenzierter Vertriebssysteme ab, so wie sie in der Praxis vorherrschen. Folglich ist es fraglich, ob die Empfehlungen basierend auf einfacheren Modellen in den komplexeren Vertriebsumgebungen noch gelten. Dementsprechend sollten verstärkt differenzierte Systeme mit mehreren im Wettbewerb stehenden Kanälen analysiert werden, um den aktuellen Status Quo abzubilden (vgl. Pei/Yan 2015).

Daneben müssen zentrale Aspekte der Vertriebssystemgestaltung und -koordination im Zusammenspiel analysiert werden (vgl. Lee et al. 2013). Eine Vertriebssystemkoordination als das gewinnmaximierende, optimale „Setting" der von Herstellern und Händlern beeinflussbaren Vertriebssystemvariablen ist dabei elementar, um Synergien zwischen Kanälen zu realisieren und Kannibalisierungseffekten entgegenzuwirken (vgl. Cattani et al. 2006). Dabei spielen insbesondere die Preissetzung sowie die Marken- und Servicedifferenzierung eine zentrale Rolle. Diese Faktoren sind zum einen bei der Kanalentscheidung von Konsumenten ausschlaggebend (vgl. Devaraj/ Fan/Kohli 2002; Rohm/Swaminathan 2004), beeinflussen zum anderen aber auch Gewinne von Herstellern und Händlern (vgl. z. B. Cattani et al. 2006; Dan/Xu/Liu 2012; Pei/Yan 2015; Tsay/Agrawal 2000; Xiao/Yang 2008; Yan 2011).

Bisherige Studien geben allerdings noch keine konkreten Handlungsimplikationen für die Preissetzung in differenzierten Vertriebssystemen. Dies gilt insbesondere im Hinblick auf den optimalen Herstellerabgabepreis bzw. Vertragspreis und die optimalen direkten vs. indirekten Online- vs. Offline-Einzelhandelspreise unter verschiedenen Umweltbedingungen, gerade wenn neue Kanäle hinzugefügt werden (vgl. Lee et al. 2013). Darüber hinaus erfasst die bisherige Forschung nur unzureichend Interaktionseffekte zwischen Preisstrategie, Markendifferenzierung und Servicedifferenzierung als zentrale Koordinationsinstrumente. Schließlich ist es wahrscheinlich, dass differenzierte Vertriebssysteme im Vergleich zu einfacheren Vertriebssystemen mehr Konsumenten erreichen (vgl. Moriarty/Moran 1990; Tsay/Agrawal 2004). Deshalb ist es notwendig, im analytischen Modell das Absatzpotentialwachstum in Abhängigkeit vom gewählten Vertriebssystem zu berücksichtigen.

Zusammenfassend analysiert der Großteil der existierenden analytischen und empirischen Forschungsarbeiten relativ einfache Vertriebssysteme. Dazu kommt ein Bedarf an Implikationen für Hersteller und Händler hinsichtlich der Preissetzung, Marken- und Servicedifferenzierung in differenzierten Vertriebssystemen, der durch bereits existierende Studien noch nicht hinreichend abgedeckt wurde. Schließlich vernachlässigt die bisherige Forschung wichtige Interaktionseffekte zwischen Vertriebs-systemgestaltung, den Koordinationsmechanismen Marken- und Servicedifferenzie-rung sowie Marktpotentialparametern.

Das Ziel dieser Studie ist demnach, Antworten auf die folgenden drei Fragestellun-gen zu liefern: (1) Wie beeinflusst die Vertriebssystemgestaltung die optimale Preis-setzung der Vertriebssystempartner und deren Gewinnsituation? (2) Wie sieht das gewinnmaximierende Vertriebssystem unter unterschiedlichen Umweltbedingungen für Hersteller und Händler aus? (3) Wie interagieren zentrale Koordinationsmecha-nismen und beeinflussen die Gewinne von Herstellern und Händlern?

Um diese drei Fragestellungen zu adressieren, wird ein analytisches Modell entwi-ckelt. Hierbei fungiert der Hersteller als Stackelberg-Führer, der die Reaktionen der Händler als Folger antizipieren und somit in seine Preisentscheidung einbeziehen kann. Die Händler als Folger befinden sich in einem oligopolistischen Nash-Wettbewerb und treffen zeitgleich ihre Preisentscheidungen (vgl. z. B. Chiang/Chha-jed/Hess 2003; Ingene/Parry 2004). Damit wird insbesondere die spieltheoretische Grundstruktur von Yan (2011) erweitert, der lediglich ein Einkanal- bzw. Zweikanal-System untersucht. Mittels der Analyse differenzierter Systeme mit mehreren direk-ten und indirekten Kanälen wird auch die Studie von Lee et al. (2013) erweitert, die eine Vielzahl an Vertriebssystemen und Koordinationsinstrumenten abdeckt, Interak-tionseffekte aufzeigt und deren Wirkung auf die Gewinnsituation analysiert.

Anschließend wird das Modell mit empirischen Daten zweier Hersteller kalibriert, die die Bereiche langlebige und kurzlebige Konsumgüter abdecken. Basierend auf dem Kanaleigenschaftenansatz von Avery et al. (2012), der Vertriebskanälen entweder synergetische oder kannibalistische Eigenschaften zuweist, werden das aktuelle Ver-triebssystem sowie zwei alternativ denkbare Vertriebssysteme analysiert. Zudem wird untersucht, wie sich der Einsatz der Koordinationsinstrumente Preissetzung, Marken- und Servicedifferenzierung separat und im Zusammenspiel auf die Gewinn-situation von Hersteller und Händlern auswirkt. Schließlich erfolgt eine umfassende Überprüfung der Ergebnisse mit Robustheitschecks, die sich an die Vorgehensweise von beispielsweise Kopalle/Lehmann (2015) anlehnt.

Basierend auf der analytischen und empirischen Analyse werden sechs Hypothesen formuliert und die nachfolgenden zentralen Ergebnisse gewonnen: (1) Das Niveau gewinnmaximierender Preise aller Vertriebssystempartner sinkt tendenziell, wenn indirekte Kanäle hinzugefügt werden, und steigt tendenziell, wenn direkte Kanäle hinzugefügt werden. Optimale direkte (Online-)Preise sind tendenziell niedriger als indirekte (Offline-)Preise. Der gewählte Ansatz gibt konkrete Hinweise zur Preissetzung, wenn neue Vertriebskanäle hinzugefügt werden, und adressiert damit die bestehende Forschungslücke. (2) Implikationen hinsichtlich der Gestaltung von Vertriebssystemen sind eng verknüpft mit Koordinationsaspekten und beruhen auf unterschiedlichen Marktpotential-, Elastizitäts- und Serviceniveauparametern. So führt in einem der beiden analysierten „Business Cases" zum Beispiel die Erweiterung des Vertriebssystems um einen direkten Absatzkanal zu einem Gewinnanstieg des Herstellers um 28 %. Dieser positive Effekt tritt insbesondere ein, wenn ein ausreichend großes Marktpotentialwachstum oder eine Servicedifferenzierung zwischen Kanälen vorliegt. Zudem sollte der neu hinzugefügte Kanal keine bzw. nur geringe kannibalistische Eigenschaften aufweisen. (3) Die positiven Effekte der Servicedifferenzierung können die kontraintuitiv negativen Effekte der Markendifferenzierung zwischen Vertriebskanälen abfedern.

2.2 Konzeptioneller Hintergrund

2.2.1 Vertriebssystemgestaltung und -koordination

Unter Vertriebssystemgestaltung werden alle strategischen Fragestellungen hinsichtlich der Länge des Vertriebssystems eines Unternehmens, also der Anzahl an Intermediären, und hinsichtlich seiner Breite, also der Anzahl an unterschiedlichen Vertriebskanälen, zusammengefasst (vgl. z. B. Anderson/Day/Rangan 1997). Homburg/ Schäfer/Schneider (2012) identifizieren dabei acht generische Arten von Vertriebssystemen: (1) reiner direkter oder (2) reiner indirekter Vertrieb; (3) „zweigleisiger" bzw. Zweikanal-Vertrieb; (4) multipler Direktvertrieb oder (5) multipler indirekter Vertrieb. Vertriebssysteme mit mehr als einem direkten bzw. indirekten Vertriebskanal und genau einem indirekten bzw. direkten Vertriebskanal werden als (6) anbietergeprägter Mehrkanalvertrieb bzw. (7) händlergeprägter Mehrkanalvertrieb klassifiziert. Vertriebssysteme mit mehreren direkten und indirekten Vertriebskanälen werden unter dem Begriff (8) differenzierte Vertriebssysteme subsumiert. Diese Studie folgt der dargestellten Klassifizierung, adressiert aber allgemein auch die Vertriebssysteme (4)-(7), wenn sie differenzierte Mehrkanalsysteme behandelt.

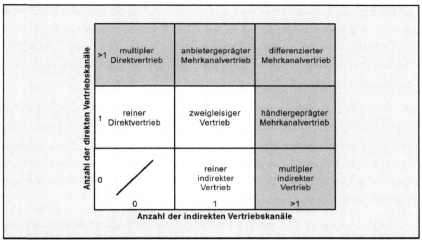

Abbildung 2.1: Klassifizierung von Vertriebssystemen (in Anlehnung an: Homburg/Schäfer/Schneider 2012, S. 48)

In Abgrenzung von der strategischen Vertriebskanalkonfiguration umfasst die Vertriebskanalkoordination die taktischen Fragestellungen des optimalen „Settings" der von Herstellern und Händlern beeinflussbaren Vertriebssystemvariablen, um den Gesamtgewinn zu erhöhen (vgl. Cattani et al. 2006). Anders ausgedrückt, die Vertriebssystemkoordination ist die optimale Kalibrierung der den Herstellern und Händlern zur Verfügung stehenden Instrumente wie Preissetzung, Marken- oder Servicedifferenzierung. Wenn alle Variablen bzw. Instrumente der Hersteller und Händler im Sinne der übergreifenden Vertriebssystemziele miteinander abgestimmt sind, spricht man von einer perfekten bzw. vollständigen Koordination.

2.2.2 Bisherige analytische Studien im Themenfeld

Tabelle 2.1 bietet einen Überblick über zentrale analytische Studien zur Vertriebssystemgestaltung und -koordination und stellt die Forschungslücken heraus, die diese Studie adressiert.

Im Fokus sind dabei die folgenden fünf Forschungslücken:

(1) Die bisherige Forschung erfasst bislang nur unzureichend die Komplexität differenzierter Vertriebssysteme, sowohl im Hinblick auf die Vertriebssystemkoordination als auch auf alternative Optionen der Vertriebssystemgestaltung (vgl. z. B. Cachon/ Lariviere 2005; Choi 1991; Jeuland/Shugan 1983).

(2) Nur eine geringe Zahl an Studien betrachtet Vertriebssystemgestaltung und -koordination im Zusammenhang (vgl. z. B. Cai 2010; Chiang/Chhajed/Hess 2003; Lee et al. 2013). In Übereinstimmung mit früheren Studien (vgl. z. B. Iyer/Villas-Boas 2003; Pei/Yan 2015) werden in dieser Studie Preis-, Marken-, und Servicedifferenzierung in das Modell mit einbezogen.

(3) Keine der zentralen Studien berücksichtigt explizit das Marktpotential in Abhängigkeit von der Zahl der genutzten Kanäle. Durch die Nutzung differenzierter Systeme können allerdings neue Käufersegmente angesprochen werden, die zum Beispiel im Falle einer Einkanal-Strategie nicht erreicht werden können (vgl. Moriarty/Moran 1990; Tsay/Agrawal 2004). Dies gilt es zu berücksichtigen und trifft insbesondere im Falle von Online-Vertriebskanälen zu (vgl. Cattani et al. 2006).

(4) Bisherige Arbeiten im Bereich Vertriebssystemgestaltung und -koordination kalibrieren ihre analytischen Modelle häufig nicht auf Basis von realistischen Marktdaten, die beispielsweise von Firmen aus unterschiedlichen Branchen zur Verfügung gestellt werden könnten. Obwohl numerische Analysen breite Anwendung finden, basieren diese nicht auf spezifischen Business Cases (Geschäftsszenarien) (vgl. z. B. Choi 1991).

(5) Nur wenige Studien vergleichen unterschiedliche theoretische Modellierungsansätze und ihre Effekte auf zum Beispiel die Gewinne von Herstellern und Händlern (vgl. z. B. Jiang/Shen 2004).

Studie	Vertriebssystem (VS)	Stackelberg-Modell	Koordinations-mechanismus (KM)	Zusammenspiel von KMs und Effekte auf Gewinne	Numerische Analyse	Nutzung von Firmendaten	Marktpotential abhängig vom VS	Modellierungs-ansätze im Vergleich
Jeuland/Shugan (1983)	reiner indirekter Vertrieb	–	Mengenrabatte (variable Preisverträge), Gewinnbeteiligung, vertikale Integration	✓	–	–	–	–
McGuire/Staelin (1983)	reiner direkter/indirekter Vertrieb	✓	Franchise-/Pauschalgebühr, Vertrags-/Einzelhandelspreis, vertikale Integration, Verkaufsquote, Produktdifferenzierung	✓	✓	–	–	–
Pasternack (1985)	reiner indirekter Vertrieb, zweigleisiger Vertrieb	–	Vertragspreis, Rückgabepolitik/Rückkaufvertrag	✓	✓	–	–	–
Moorthy (1987)	reiner indirekter Vertrieb	–	zweiteiliger Tarif	–	–	–	–	✓
Choi (1991)	reiner indirekter Vertrieb	✓	Vertrags-/Einzelhandelspreis	–	✓	–	–	–
Weng (1995)	reiner indirekter Vertrieb, multipler indirekter Vertrieb	–	Mengenrabatt, Franchise-Gebühr, Gewinnbeteiligung	✓	–	–	–	–
Tsay (1999)	reiner indirekter Vertrieb	–	Verträge über flexible Abnahmemengen	–	✓	–	–	–
Lee/So/Tang (2000)	reiner indirekter Vertrieb	–	Informationsaustausch zur Nachfrage	–	✓	–	–	–
Tsay/Agrawal (2000)	multipler indirekter Vertrieb	✓	Vertrags-/Einzelhandelspreis, zweiteiliger Tarif, Serviceniveau	✓	–	–	–	✓

Studie	Vertriebssystem (VS)	Stackelberg-Modell	Koordinationsmechanismus (KM)	Zusammenspiel von KMs und Effekte auf Gewinne	Numerische Analyse	Nutzung von Firmendaten	Marktpotential abhängig vom VS	Modellierungsansätze im Vergleich
Taylor (2002)	reiner indirekter Vertrieb	-	lineare Rabatte, Zielrabatte, Rückkaufvertrag, Vertrags-/Einzelhandelspreis	✓	✓	-	-	-
Chiang/ Chhajed/Hess (2003)	zweigleisiger Vertrieb, händlergeprägter Mehrkanalvertrieb	✓	direkter Vertriebskanal, Vertrags-/Einzelhandelspreis	-	✓	-	-	-
Savaskan/ Bhattacharya/ Van Wassenhove (2004)	reiner indirekter Vertrieb	✓	Rückführungslogistik, zweiteiliger Tarif	✓	-	-	-	-
Tsay/Agrawal (2004)	reiner direkter/ indirekter Vertrieb, zweigleisiger Vertrieb	✓	Vertragspreis, Verkaufsanstrengung/ Provision/Nachfrageerfüllung Händler, Zentralsteuerung	✓	✓	-	✓	-
Bernstein/ Federgruen (2005)	multipler indirekter Vertrieb	-	Linearer/nichtlinearer Preisnachlass, Gebührenmodell (Vertragspreis, Rückkaufvertrag)	-	-	-	-	-
Cachon/ Lariviere (2005)	reiner indirekter Vertrieb, multipler indirekter Vertrieb	-	Vertragspreis, Umsatzbeteiligung, Rückkauf-/ Rabattpreis-/ Mengenrabatt-/ flexible Mengen-/ Franchisevertrag	-	✓	-	-	-
Cattani/ Gilland/Heese/ Swaminathan (2006)	reiner indirekter Vertrieb, zweigleisiger Vertrieb	✓	Vertrags-/Einzelhandelspreis	✓	✓	-	-	-

Studie	Vertriebssystem (VS)	Stackelberg-Modell	Koordinations-mechanismus (KM)	Zusammenspiel von KMs und Effekte auf Gewinne	Numerische Analyse	Nutzung von Firmendaten	Marktpotential abhängig vom VS	Modellierungs-ansätze im Vergleich
Dumrongsiri/Fan/ Jain/Moinzadeh (2008)	reiner indirekter Vertrieb, zweigleisiger Vertrieb	-	Vertrags-/Einzelhandelspreis, Lagerhaltung Händler, Serviceniveau	-	✓	-	-	-
Cai (2010)	reiner direkter/ indirekter Vertrieb, zweigleisiger Vertrieb, multipler indirekter Vertrieb	✓	Vertrags-/Einzelhandelspreis, Umsatzbeteiligung, Vertriebssystem-gestaltung	✓	✓	-	-	-
Yoo/Lee (2011)	reiner direkter/ indirekter Vertrieb, zweigleisiger Vertrieb, multipler direkter/indirekter Vertrieb, händler-geprägter Mehr-kanalvertrieb	✓	Vertrags-/Einzelhandelspreis, Vertriebssystem-gestaltung	✓	-	-	✓	-
Lee/Staelin/ Yoo/Du (2013)	reiner direkter/ indirekter Vertrieb, zweigleisiger Vertrieb, multipler indirekter Vertrieb, händlergeprägter Mehrkanalvertrieb	✓	Vertrags-/Einzelhandelspreis, vertikale Integration, Produktlinien-Pricing	✓	✓	-	✓	-
Diese Studie	reiner/multipler indirekter Vertrieb, händler-/anbie-tergeprägter Mehr-kanalvertrieb, diffe-renzierter Mehr-kanalvertrieb	✓	Vertrags-/Einzelhandelspreis, Mar-ken-/Service-differenzierung	✓	✓	✓	✓	✓

Tabelle 2.1: Zentrale analytische Studien zur Gestaltung und Koordination von Vertriebssystemen

2.3 Modell

2.3.1 Allgemeiner Ansatz

Diese Studie stützt sich auf ein Stackelberg-Modell, bei dem der Hersteller als Stackelberg-Führer fungiert, der die Reaktionen der Händler als Folger antizipieren und somit in seine Preisentscheidung einbeziehen kann. Anhand zahlreicher praktischer Beispiele und der Literatur (vgl. z. B. Ingene/Parry 2004) kann der Hersteller dynamisch agieren. Dementsprechend hängen die Entscheidungen des Herstellers von den Aktionen der Händler ab (vgl. Mu 2014; Shen/Basar 2007). Der Hersteller wählt im ersten Schritt den Herstellerabgabepreis (Vertragspreis) und die Preise in den direkten Vertriebskanälen abhängig von den Reaktionsfunktionen der Händler, die wiederum im zweiten Schritt abhängen vom Vertragspreis und von den Preisen in den direkten Vertriebskanälen. Die Händler wählen simultan ihre Preise (Nash-Preiswettbewerb). Hersteller und Händler wählen die Preise, die ihre individuellen Gewinne maximieren (vgl. z. B. Chiang/Chhajed/Hess 2003; Choi 1991; Ingene/Parry 2004). Zudem kann der Hersteller das Vertriebssystem wählen, das seine Gewinne maximiert. Folglich kann das Stackelberg-Modell als nichtkooperatives Spiel klassifiziert werden (vgl. Groot/Schutter/Hellendoorn 2012).

Im Hinblick auf das die Endkunden betreffende Nachfragemodell ist festzuhalten, dass Kaufentscheidungen und damit verbunden die Vertriebskanalwahl von individuellen Präferenzen der Konsumenten abhängen. Dazu gehören mitunter die sofortige Verfügbarkeit, das Vertrauen oder die Zeit- bzw. Kostenersparnis beim Einkauf (vgl. z. B. Avery et al. 2012). Der Anteil am Marktpotential und Kreuzpreiselastizitäten zwischen Kanälen bilden dabei die zentralen Aspekte absoluter Unterschiede in der Nachfrageverteilung (Nachfragepräferenz) und Substituierbarkeit der Vertriebskanäle ab. Im Einklang mit Huang und Swaminathan (2009) werden diese Aspekte genutzt, um kanalspezifisches Einkaufsverhalten zu modellieren. So resultiert zum Beispiel die Präferenz von Konsumenten, Lebensmittel offline bzw. stationär zu kaufen, in einer geringen Substituierbarkeit zwischen Offline- und Online-Kanälen sowie folglich in geringen Kreuzpreiselastizitäten zwischen Kanälen. Wenn Konsumenten dagegen keine Kanalpräferenz aufweisen, ist der Grad der Kanalsubstituierbarkeit hoch, was hohe Kreuzpreiselastizitäten zwischen Kanälen zur Folge hat.

Darüber hinaus wird eine in der Literatur etablierte Gewinnfunktion verwendet: Die Gewinne des Herstellers ergeben sich aus dem Produkt des Vertragspreises und der

Modell

Nachfrage in den indirekten Kanälen sowie den Einzelhandelspreisen in den direkten Kanälen multipliziert mit der Nachfrage dort. Die Gewinne der Händler ergeben sich aus der Einzelhandelsspanne (Einzelhandelspreis abzüglich Vertragspreis) multipliziert mit der Nachfrage.

2.3.2 Modellnotation und -annahmen

Es wird ein Ein-Perioden-, Ein-Produkt-Modell betrachtet. Dabei erfolgt eine Erweiterung des spieltheoretischen Modells von Yan (2011), das einen reinen indirekten und einen zweigleisigen Vertrieb beleuchtet. Im Hinblick auf die Serviceniveaus und die Kreuzpreiselastizität zwischen den Kanälen stützt sich diese Studie auf die Modellierungsansätze von Dan/Xu/Liu (2012) und Raju/Roy (2000).

Der Hersteller kann sein Produkt über zwei direkte Kanäle (eigener Online-Shop und eigener stationärer bzw. Offline-Shop) zum Preis p_1 oder p_5 und über indirekte Kanäle (Offline-, Online-, oder Mehrkanalhändler) vertreiben (vgl. Abbildung 2.2). Die Händler setzen autonom ihre Einzelhandelspreise p_2, p_3 und p_4. Dabei wird angenommen, dass der Mehrkanalhändler den gleichen Preis p_4 online und offline setzt. Darüber hinaus kaufen alle Händler das Produkt zum gleichen Vertragspreis (Herstellerabgabepreis) w. Des Weiteren stellt b_{1-5} die Preiselastizität der Konsumenten in den fünf Vertriebskanälen dar und f_{1-5} die Preiselastizität zwischen den Kanälen (Kreuzkanaleffekte). Letztere repräsentiert die Substituierbarkeit und den Grad an Wettbewerb zwischen Kanälen. Die Serviceniveaus S_{1-5} ergeben sich aus dem Produkt von β_{1-5} und s_{1-5}, also den Serviceanstrengungen des Herstellers bzw. von Händlern und der Sensitivität von Konsumenten im Hinblick auf Servicequalität in den verschiedenen Kanälen. Die Serviceniveaus erfassen folglich auch den Grad, zu dem Konsumenten Serviceanstrengungen wertschätzen. Dazu zählen mitunter die sofortige Verfügbarkeit von Produkten, Kundenservice oder das Einkaufserlebnis in einem Kanal (vgl. Dumrongsiri et al. 2008; Tsay/Agrawal 2000). N_{ch} stellt die Gesamtzahl an Kanälen pro Vertriebssystem dar. Zudem erfasst Θ_{1-Nch} ($\Sigma\Theta_{1-Nch}=1$) den Anteil eines Vertriebskanals am gesamten Absatzpotential des Produkts. Es stellt somit einen Indikator für die Kanalpräferenz von Konsumenten dar. Kanalspezifische Kosten c_{1-5} umfassen alle Vertriebskosten. Die Nachfrage in den jeweiligen Vertriebskanälen D_{1-5} und die Gewinnfunktionen π_{1-4} werden im Zuge des analytischen Vergleichs von Vertriebssystemen spezifiziert.

Darüber hinaus werden die folgenden Annahmen getroffen: (1) Die Vertriebssysteme bestehen aus einem Hersteller und mindestens einem Händler, die im Wettbewerb um Konsumenten stehen. Dies impliziert einen vertikalen Wettbewerb zwischen Hersteller und Händlern und einen horizontalen Wettbewerb zwischen den Händlern im Falle von mehreren indirekten Vertriebskanälen (vgl. z. B. Ingene/Parry 2004). (2) Der Hersteller und die Händler sehen sich einer linear fallenden Nachfragefunktion ausgesetzt (vgl. z. B. Tsay/Agrawal 2000; Weng 1995). (3) Hersteller und Händler verfügen über vollständige Informationen über das strategische Verhalten der Marktteilnehmer (z. B. hinsichtlich Preis- und Servicepolitik) und über Umweltbedingungen (z. B. Preiselastizitäten oder Marktpotential) (vgl. z. B. Lee/So/Tang 2000). (4) Das Serviceniveau in Online-Vertriebskanälen ist niedriger als in den Offline-Vertriebskanälen (vgl. z. B. Avery et al. 2012; Cai 2010). Folglich weisen die Online-Serviceniveaus (S_1, S_3) negative Vorzeichen und die Offline- bzw. Mehrkanal-Serviceniveaus (S_2, S_4, S_5) positive Vorzeichen auf. (5) Im Zuge der Koordinationsszenarien Marken- bzw. Servicedifferenzierung nehmen die Kreuzkanaleffekte f_{1-5} ab, bzw. die Serviceniveaus S_{1-5} zu (vgl. Iyer 1998; Yan 2011). (6) Die Einzelhandelspreise liegen über oder auf dem Niveau des Herstellerabgabepreises: $p_{1-5} \geq w$ (vgl. Chiang/Chhajed/Hess 2003; Dan/Xu/Liu 2012). (7) Das Marktpotential steigt entsprechend der Anzahl an genutzten Kanälen: $a(N_{ch})$. (8) In Übereinstimmung mit Yan (2011), beispielhaft genannt für viele weitere Studien, wird die Komplexität des Modells durch symmetrische Preiselastizitäten ($b_{1-5}=b$), Kreuzpreiselastizitäten zwischen Kanälen ($f_{1-5}=f$) und Kosten ($c_{1-5}=0$) reduziert. Die Annahme hinsichtlich identischer Preiselastizitäten in verschiedenen Vertriebskanälen trifft auch in der Realität für viele Produkte zu (vgl. z. B. Goad et al. 2015).

2.3.3 Analytischer Vergleich verschiedener Vertriebssysteme

Es werden zwei reale Business Cases analysiert: (1) Ein Hersteller langlebiger Konsumgüter vertreibt seine Produkte aktuell über Offline-, Online- und Mehrkanalhändler und nutzt somit einen multiplen indirekten Vertrieb. Darüber hinaus kommen zwei weitere Vertriebssysteme in Frage: reiner indirekter Vertrieb über Offline-Händler (die Strategie eines Hauptwettbewerbers) und händlergeprägter Mehrkanalvertrieb (Eröffnen eines herstellereigenen Online-Shops) (vgl. Abbildung 2.2A). (2) Ein Hersteller kurzlebiger Konsumgüter vertreibt seine Produkte derzeit über einen eigenen Online-Shop, eigene Offline-Shops sowie über Offline-Händler, und nutzt somit einen anbietergeprägten Mehrkanalvertrieb. Darüber hinaus kommen noch zwei differenzierte Mehrkanalvertriebssysteme in Frage: differenzierter Mehrkanalvertrieb I (Hinzufügen eines Online-Händlers) und differenzierter Mehrkanalvertrieb II (Hinzufügen eines Online- und eines Mehrkanalhändlers) (vgl. Abbildung 2.2B).

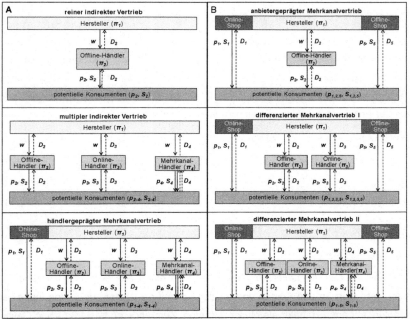

Abbildung 2.2: Relevante Vertriebssysteme für den Hersteller langlebiger Konsumgüter und den Hersteller kurzlebiger Konsumgüter

Das der Studie zugrunde liegende analytische Modell soll nachfolgend am Beispiel des händlergeprägten Mehrkanalvertriebs eines Herstellers langlebiger Konsumgüter veranschaulicht werden (vgl. Abbildung 2.2A).

Im Falle des Herstellers langlebiger Konsumgüter werden noch Grauimporte γ als ein charakteristisches Merkmal der Branche berücksichtigt. Der Parameter γ fungiert als Multiplikator und verstärkt somit (negative) Preiselastizitätseffekte. Mit einem Anstieg des Grauimportniveaus nehmen das Nachfrage- und das Preisniveau des Vertriebssystems ab.

Im händlergeprägten Mehrkanalvertrieb sind die Nachfragefunktionen von Hersteller (2.1) und Händlern (2.2)-(2.4) wie folgt definiert:

$$D_1 = \left(1 - \theta_2 - \theta_3 - \theta_4\right) a(N_{ch}) - \gamma b_1 p_1 + f_1 p_2 + f_1 p_3 + f_1 p_4 - \beta_1 s_1, \qquad (2.1)$$

$$D_2 = \left(1 - \theta_1 - \theta_3 - \theta_4\right) a(N_{ch}) - \gamma b_2 p_2 + f_2 p_1 + f_2 p_3 + f_2 p_4 + \beta_2 s_2, \qquad (2.2)$$

$$D_3 = \left(1 - \theta_1 - \theta_2 - \theta_4\right) a(N_{ch}) - \gamma b_3 p_3 + f_3 p_1 + f_3 p_2 + f_3 p_4 - \beta_3 s_3, \qquad (2.3)$$

$$D_4 = \left(1 - \theta_1 - \theta_2 - \theta_3\right) a(N_{ch}) - \gamma b_4 p_4 + f_4 p_1 + f_4 p_2 + f_4 p_3 + \beta_4 s_4. \qquad (2.4)$$

Folglich ist die Nachfrage in dem jeweiligen Vertriebskanal abhängig vom entsprechenden Marktanteil, der Preiselastizität im jeweiligen Kanal, Kreuzkanaleffekten und den kanalspezifischen Serviceniveaus, mit einem geringen Niveau in den Online-Kanälen im Vergleich zu den Offline-Kanälen. Das Marktpotential ist zudem abhängig von der Anzahl an Kanälen, die ein Unternehmen nutzt.

Die Gewinnfunktionen von Hersteller (2.5) und Händlern (2.6)-(2.8) sind wie folgt definiert:

$$\pi_1 = (w - c_1)D_2 + (w - c_1)D_3 + (w - c_1)D_4 + (p_1 - c_1)D_1, \qquad (2.5)$$

$$\pi_2 = (p_2 - w - c_2)D_2, \qquad (2.6)$$

$$\pi_3 = (p_3 - w - c_3)D_3, \qquad (2.7)$$

$$\pi_4 = (p_4 - w - c_4)D_4. \qquad (2.8)$$

Die Gewinne des Herstellers ergeben sich zum einen aus dem Herstellerabgabepreis, verringert um die Kosten und multipliziert mit der Nachfrage in den indirekten Kanälen, in denen Händler als Mittler auftreten. Zum anderen basieren seine Gewinne auf dem Endkundenpreis, reduziert um die Kosten, multipliziert mit der Nachfrage in den direkten Kanälen. Die Gewinne des Händlers ergeben sich aus dem Endkundenpreis, reduziert um den Einkaufspreis und die Kosten, multipliziert mit der Nachfrage.

Mit einer Kombination aus einer vertikalen Hersteller-Stackelberg-Führerschaft und einem horizontalen Bertrand-Nash-Wettbewerb können die optimalen Preise und die entsprechenden Gewinne von Hersteller und Händlern bestimmt werden (vgl. Ingene/Parry 2004). Der Hersteller kann das Verhalten der Händler antizipieren. Dementsprechend nutzt er die Ableitungen der Gewinnfunktionen der Händler nach dem Preis p_2 in (2.6), nach p_3 in (2.7) und nach p_4 in (2.8) (als theoretisch optimale Entscheidungen der Händler). Die Händler agieren auf der zweiten Stufe simultan in einem erweiterten Bertrand-Nash-Wettbewerb (Nash-Preiswettbewerb), sodass die

Ergebnisse zunächst ineinander und schließlich in die Gewinnfunktion des Herstellers eingesetzt werden. Diese Vorgehensweise erlaubt es, auf der zweiten Stufe eine entsprechend große Anzahl an Händlern zu berücksichtigen. Somit können auch differenzierte, komplexe Vertriebssysteme modelliert werden. Durch die in (2.5) erfolgenden Ableitungen der Hersteller-Gewinnfunktion π_1 nach w, dem Herstellerabgabepreis, bzw. nach p_1, dem Einzelhandelspreis im direkten Vertriebskanal, werden zunächst die optimalen Preise des Herstellers als Stackelberg-Führer bestimmt. Basierend auf diesen Preisen (w, p_1) bestimmen dann die Händler als Folger individuell und simultan die für sie gewinnmaximierenden Einzelhandelspreise (vgl. Chiang/Chhajed/Hess 2003). Bezogen auf das gewählte Beispiel, den händlergeprägten Mehrkanalvertrieb, zeigt Tabelle 2.2 die resultierenden (theoretisch-analytischen) Preise und Gewinne. Auf diese Weise wurde auch für die weiteren Vertriebssysteme vorgegangen, die von Interesse für die beiden Hersteller sind.

Aufgrund der den differenzierten Vertriebssystemstrukturen geschuldeten Komplexität der Preis- und Gewinnfunktionen ist ein theoretisch-analytischer Vergleich zwischen alternativen Vertriebssystemen nur schwer möglich. So kann beispielsweise ein Blick auf die theoretisch-analytisch optimalen Online-Preise p_1 und p_3 sowie den Offline-Preis p_2 in Tabelle 2.2 keinen Aufschluss darüber geben, ob Online-Preise höher oder niedriger als Offline-Preise sein sollten. Deshalb setzt diese Studie auf eine numerische Analyse, die mit umfangreichen Tests auf ihre Robustheit überprüft wird (vgl. Kapitel 2.5.2). Mit der numerischen Analyse ist es möglich, die Effekte verschiedener Optionen der Vertriebssystemgestaltung und der Vertriebssystemkoordination auf die Preise und Gewinne von Vertriebssystemmitgliedern zu analysieren. Diese Vorgehensweise ist im Einklang mit zahlreichen anderen Studien, bei denen ebenfalls keine eindeutige theoretisch-analytische Lösung verfügbar war (vgl. z. B. Kopalle/Lehmann 2015).

Herstellerabgabepreis	$\dfrac{((3\beta_1 s - 3a + 3a\theta_2 + 3a\theta_3 + 3a\theta_4) + \dfrac{b\gamma(\beta_3 s - \beta_2 s - 3a - \beta_4 s + 3a\theta_1 + 2a\theta_2 + 2a\theta_3 + 2a\theta_4)}{6}}{(3f - b\gamma)(f + b\gamma)}$
p_1 Preis im herstellereigenen Online-Shop	$\dfrac{\dfrac{f(a + 2\beta_1 s + \beta_2 s - \beta_3 s + \beta_4 s - 3a\theta_4)}{2} + \dfrac{b\gamma(\beta_1 s - a + a\theta_3 + a\theta_4)}{2}}{(3f - b\gamma)(f + b\gamma)}$
p_2 Preis des Offline-Händlers	$\dfrac{\dfrac{\beta_2 s}{12} - \dfrac{\beta_3 s}{12} + \dfrac{a}{4} + \dfrac{a\theta_1}{12} + \dfrac{a\theta_3}{6} + \dfrac{a\theta_4}{6}}{f - b\gamma} + \dfrac{\dfrac{2\beta_2 s}{3} - \dfrac{\beta_3 s}{3} + \dfrac{\beta_4 s}{3} - \dfrac{2a\theta_4}{3} - \dfrac{a\theta_4}{3}}{f + 2b\gamma} + \dfrac{\dfrac{\beta_2 s}{8} + \dfrac{\beta_3 s}{24} - \dfrac{\beta_4 s}{24} - \dfrac{a\theta_4}{8} + \dfrac{a\theta_1}{24} + \dfrac{a\theta_4}{24}}{f + b\gamma} + \dfrac{\dfrac{\beta_2 s}{8} + \dfrac{\beta_3 s}{8} + \dfrac{3a\theta_2}{8} + \dfrac{3a\theta_3}{8} + \dfrac{3a\theta_4}{8}}{3f - b\gamma}$
p_3 Preis des Online-Händlers	$\dfrac{\dfrac{\beta_2 s}{12} - \dfrac{\beta_3 s}{12} - \dfrac{a}{4} + \dfrac{a\theta_1}{4} + \dfrac{a\theta_3}{6} + \dfrac{a\theta_4}{6}}{f - b\gamma} + \dfrac{\dfrac{\beta_2 s}{3} - \dfrac{2\beta_3 s}{3} + \dfrac{\beta_4 s}{3} - \dfrac{a\theta_4}{3}}{f + 2b\gamma} + \dfrac{\dfrac{\beta_2 s}{8} + \dfrac{\beta_3 s}{24} - \dfrac{\beta_4 s}{24} - \dfrac{a\theta_4}{8} + \dfrac{a\theta_1}{24} + \dfrac{a\theta_4}{24}}{f + b\gamma} + \dfrac{\dfrac{\beta_2 s}{8} + \dfrac{\beta_3 s}{8} + \dfrac{3a\theta_2}{8} + \dfrac{3a\theta_3}{8} + \dfrac{3a\theta_4}{8}}{3f - b\gamma}$
p_4 Preis des Mehrkanalhändlers	$\dfrac{\dfrac{\beta_2 s}{12} - \dfrac{\beta_3 s}{12} + \dfrac{a}{4} + \dfrac{a\theta_1}{4} + \dfrac{a\theta_3}{6} + \dfrac{a\theta_4}{6}}{f - b\gamma} + \dfrac{\dfrac{\beta_2 s}{3} - \dfrac{2\beta_3 s}{3} + \dfrac{\beta_4 s}{3} - \dfrac{2a\theta_4}{3}}{f + 2b\gamma} + \dfrac{\dfrac{\beta_2 s}{8} + \dfrac{\beta_3 s}{24} - \dfrac{\beta_4 s}{24} - \dfrac{a}{2} + \dfrac{a\theta_1}{24} + \dfrac{a\theta_4}{24}}{f + b\gamma} + \dfrac{\dfrac{\beta_2 s}{8} + \dfrac{\beta_3 s}{8} + \dfrac{3a\theta_2}{8} + \dfrac{3a\theta_3}{8} + \dfrac{3a\theta_4}{8}}{3f - b\gamma}$
π_1 Gewinn des Herstellers	$\dfrac{(3\beta_1 s + \beta_2 s - \beta_3 s + \beta_4 s - 3a - 3a\theta_1 + a\theta_2 + a\theta_3 + a\theta_4)^2}{(f + b\gamma)48} - \dfrac{(\beta_1 s - 4a - \beta_2 s + \beta_3 s + 3a\theta_1)^2}{(3f - b\gamma)16} + \dfrac{(\beta_2 s - 3a - \beta_4 s + 3a\theta_1 + 3a\theta_2 + 3a\theta_3 + 3a\theta_4)^2}{(3f - b\gamma)24} + \dfrac{(\beta_2 s - 3a - \beta_4 s + 3a\theta_1 + 2a\theta_2 + 2a\theta_3 + 2a\theta_4)^2}{(f - b\gamma)24}$
π_2 Gewinn des Offline-Händlers	$\dfrac{b\gamma(3af + 6ab\gamma - 7\beta_2 fs - 5\beta_3 fs + 5\beta_4 fs - 3af\theta_1 - 10af\theta_2 + 2af\theta_4 + 10b\beta_2\gamma s + 2b\beta_3\gamma s - 2b\beta_4\gamma s - 6ab\gamma\theta_1 + 4ab\gamma\theta_2 - 8ab\gamma\theta_4)^2}{144((f - b\gamma)^2(f + 2b\gamma)^2}$
π_3 Gewinn des Online-Händlers	$\dfrac{b\gamma(3af + 6ab\gamma + 5\beta_2 fs + 7\beta_3 fs + 5\beta_4 fs - 3af\theta_1 + 2af\theta_2 - 10af\theta_3 + 2af\theta_4 - 2b\beta_2\gamma s - 10b\beta_3\gamma s - 6ab\gamma\theta_1 - 8ab\gamma\theta_2 + 4ab\gamma\theta_3 - 8ab\gamma\theta_4)^2}{144((f - b\gamma)^2(f + 2b\gamma)^2}$
π_4 Gewinn des Mehrkanalhändlers	$\dfrac{b\gamma(3af + 6ab\gamma + 5\beta_2 fs - 5\beta_3 fs - 7\beta_4 fs - 3af\theta_1 + 2af\theta_2 + 2af\theta_3 - 10af\theta_4 - 2b\beta_2\gamma s - 2b\beta_3\gamma s + 10b\beta_4\gamma s - 6ab\gamma\theta_1 - 8ab\gamma\theta_2 - 8ab\gamma\theta_3 + 4ab\gamma\theta_4)^2}{144((f - b\gamma)^2(f + 2b\gamma)^2}$

Tabelle 2.2: Theoretisch-analytisch optimale Preise und Gewinne im händlergeprägten Mehrkanalvertrieb

2.3.4 *Herleitung der optimalen Preise und Gewinne*

Nachfolgend soll beispielhaft noch der Beweis für die in Tabelle 2.2 angeführten optimalen Preise und Gewinne erbracht werden.

Im ersten Schritt kommen die bereits eingeführten allgemeinen Nachfrage- und Gewinnfunktionen (2.1)-(2.8) zum Tragen. Dabei wird Symmetrie im Hinblick auf die Preiselastizitäten ($b_{1\text{-}4}$=b), Kreuzpreiselastizitäten ($f_{1\text{-}4}$=f) und Kosten ($c_{1\text{-}4}$=0) angenommen. Im zweiten Schritt erfolgt die Ableitung der Gewinnfunktionen π_2 des Offline-Händlers nach seinem Preis p_2, der Gewinnfunktion π_3 des Online-Händlers nach seinem Preis p_3 und der Gewinnfunktion des Mehrkanal-Händlers π_4 nach seinem Preis p_4:

$$p_2 = \frac{fp_1 + fp_3 + fp_4 + \beta_2 s - a(\theta_1 + \theta_3 + \theta_4 - 1) + b\gamma w}{2b\gamma}, \tag{2.9}$$

$$p_3 = \frac{fp_1 + fp_2 + fp_4 - \beta_3 s - a(\theta_1 + \theta_2 + \theta_4 - 1) + b\gamma w}{2b\gamma}, \tag{2.10}$$

$$p_4 = \frac{fp_1 + fp_2 + fp_3 + \beta_4 s - a(\theta_1 + \theta_2 + \theta_3 - 1) + b\gamma w}{2b\gamma}. \tag{2.11}$$

Im dritten Schritt werden aufgrund der angenommenen Simultanität die Reaktionsfunktion (2.9) in die Reaktionsfunktionen der konkurrierenden Händler (2.10) und (2.11), (2.10) in (2.9) und (2.11) sowie (2.11) in (2.9) und (2.10) eingesetzt:

$$p_2 = \frac{w}{2} + \frac{\beta_2 s + a - a\theta_1 - a\theta_3 - a\theta_4 + fp_1 + fw}{2b\gamma} + \frac{f(2a - \beta_3 s + \beta_4 s - 2a\theta_1 - 2a\theta_2 - a\theta_3 - a\theta_4 + 2fp_1 + 2fp_2 + fp_3 + fp_4)}{4b^2\gamma^2}, \tag{2.12}$$

$$p_3 = \frac{w}{2} - \frac{\beta_3 s - a + a\theta_1 + a\theta_2 + a\theta_4 - fp_1 - fw}{2b\gamma} + \frac{f(2a + \beta_2 s + \beta_4 s - 2a\theta_1 - a\theta_2 - 2a\theta_3 - a\theta_4 + 2fp_1 + fp_2 + 2fp_3 + fp_4)}{4b^2\gamma^2}, \tag{2.13}$$

$$p_4 = \frac{w}{2} + \frac{\beta_4 s + a - a\theta_1 - a\theta_2 - a\theta_3 + fp_1 + fw}{2b\gamma} + \frac{f(2a + \beta_2 s - \beta_3 s - 2a\theta_1 - a\theta_2 - a\theta_3 - 2a\theta_4 + 2fp_1 + fp_2 + fp_3 + 2fp_4)}{4b^2\gamma^2}. \tag{2.14}$$

Im vierten Schritt erfolgt das Auflösen der Gleichung (2.12) nach p_2, der Gleichung (2.13) nach p_3, und der Gleichung (2.14) nach p_4:

$$p_2 = \frac{w}{2} + \frac{\frac{\beta_3 s}{6} - \frac{\beta_2 s}{6} - \frac{a}{2} + \frac{\beta_4 s}{6} + \frac{a\theta_1}{2} + \frac{a\theta_2}{3} + \frac{a\theta_3}{3} + \frac{a\theta_4}{3} - f\left(\frac{p_1}{2} + \frac{w}{2}\right)}{f - b\gamma} + \frac{\frac{2\beta_2 s}{3} + \frac{\beta_3 s}{3} - \frac{\beta_4 s}{3} - \frac{2a\theta_2}{3} + \frac{a\theta_3}{3} + \frac{a\theta_4}{3}}{f + 2b\gamma}, \tag{2.15}$$

$$p_3 = \frac{w}{2} + \frac{\frac{\beta_3 s}{6} - \frac{\beta_2 s}{6} - \frac{a}{2} + \frac{\beta_4 s}{6} + \frac{a\theta_1}{2} + \frac{a\theta_2}{3} + \frac{a\theta_3}{3} + \frac{a\theta_4}{3} - f\left(\frac{p_1}{2} + \frac{w}{2}\right)}{f - b\gamma} - \frac{\frac{\beta_2 s}{3} + \frac{2\beta_3 s}{3} + \frac{\beta_4 s}{3} + \frac{a\theta_2}{3} - \frac{2a\theta_3}{3} + \frac{a\theta_4}{3}}{f + 2b\gamma}, \tag{2.16}$$

$$p_4 = \frac{w}{2} + \frac{\frac{\beta_3 s}{6} - \frac{\beta_2 s}{6} - \frac{a}{2} + \frac{\beta_4 s}{6} + \frac{a\theta_1}{2} + \frac{a\theta_2}{3} + \frac{a\theta_3}{3} + \frac{a\theta_4}{3} - f\left(\frac{p_1}{2} + \frac{w}{2}\right)}{f - b\gamma} - \frac{\frac{\beta_2 s}{3} + \frac{\beta_3 s}{3} - \frac{2\beta_4 s}{3} + \frac{a\theta_2}{3} + \frac{a\theta_3}{3} - \frac{2a\theta_4}{3}}{f + 2b\gamma}. \tag{2.17}$$

Im fünften Schritt werden die Gleichungen (2.15), (2.16) und (2.17) in die Gewinnfunktion des Herstellers π_1 (2.5) eingesetzt und die Ableitung von π_1 nach dem optimalen Herstellerabgabepreis w und dem optimalen Endkundenpreis p_1 im hersteller-eigenen Online-Shop gebildet:

$$w = \frac{\frac{f(3\beta_1 s - 3a + 3a\theta_2 + 3a\theta_3 + 3a\theta_4)}{6} + \frac{b\gamma(\beta_3 s - \beta_2 s - 3a - \beta_4 s + 3a\theta_1 + 2a\theta_2 + 2a\theta_3 + 2a\theta_4)}{6}}{(3f - b\gamma)(f + b\gamma)},$$
(2.18)

$$p_1 = \frac{\frac{-f(a + 2\beta_1 s + \beta_2 s - \beta_3 s + \beta_4 s - 3a\theta_1)}{2} + \frac{b\gamma(\beta_1 s - a + a\theta_2 + a\theta_3 + a\theta_4)}{2}}{(3f - b\gamma)(f + b\gamma)}.$$
(2.19)

Im sechsten Schritt werden die optimalen Preise des Herstellers (2.18) und (2.19) in die aufgelösten Reaktionsfunktionen der Händler (2.15)-(2.17) eingesetzt. Dies führt zu den optimalen Einzelhandelspreisen der Händler p_2, p_3 und p_4 in Tabelle 2.2.

Im siebten und letzten Schritt werden schließlich noch die Preise w, p_1, p_2, p_3 und p_4 in die Gewinnfunktionen von Hersteller und Händlern (2.5)-(2.8) eingesetzt und die in Tabelle 2.2 aufgeführten (theoretisch-analytisch) optimalen Gewinne berechnet.

2.4 Datengrundlage

Ziel der empirischen Anwendung ist es zu überprüfen, ob der gewählte theoretisch-analytische Modellansatz Implikationen für Forschung und Praxis liefern kann (vgl. Day/Montgomery 1999). Dieses Vorgehen wurde bereits in vorangegangen spielthe-oretischen Studien gewählt (vgl. z. B. Kadiyali/Chintagunta/Vilcassim 2000; Sudhir 2001). Um die Modellparameter in den für die beiden Hersteller relevanten Vertriebs-systemen kalibrieren zu können, wurden Daten benötigt. Diese umfassten z. B. Marktpotential, Marktpotentialanteile der Vertriebskanäle oder Preiselastizitäten. So-weit wie möglich wurde hierbei auf bestehende Vertriebs- und Marktforschungsinfor-mationen zurückgegriffen, die beide Hersteller zur Verfügung stellten. Tabelle 2.3 gibt einen Überblick über die Parameter, die auf den vorliegenden Datensätzen ba-sieren und für die Modellkalibrierung eingesetzt wurden.

Daten hinsichtlich Absatzpotential und Marktanteilen einzelner Kanäle basieren auf externen GfK- bzw. internen Controlling-Daten. Die Preiselastizität und Kreuzpreis-elastizität konnten durch den Vergleich eines Baseline-Absatzes mit dem Absatz im Zuge von Verkaufsförderungsaktionen bestimmt werden (vgl. Blattberg/Neslin 1990).

Der Hersteller kurzlebiger Konsumgüter senkte beispielsweise im April 2015 die Preise für ein ausgewähltes Produkt über einen Zeitraum von zwei Wochen. An-schließend wurden diese wieder erhöht. Insgesamt umfasste der Datensatz den Zeit-raum von Januar 2014 bis Ende April 2015. Der Hersteller langlebiger Konsumgüter stellte GfK-Daten auf Produktgruppen- und Einzelproduktebene von Januar 2014 bis

Dezember 2014 zur Verfügung, darunter eine Verkaufsförderungsaktion im Mai 2014.

Vertriebssystem / Parameter	Hersteller langlebiger Konsumgüter			Hersteller kurzlebiger Konsumgüter		
	reiner indirekter Vertrieb	multipler indirekter Vertrieb	händlergeprägter indirekter Vertrieb	anbietergeprägter indirekter Vertrieb	differenzierter Mehrkanalvertrieb I	differenzierter Mehrkanalvertrieb II
a $a - a(N_{ch})^a$	5.000	$5.000 - 6.500$ (+30 %)	$5.000 - 6.750$ (+35 %)	6.650	$6.650 - 6.982{,}5$ (+5 %)	$6.650 - 7.647{,}5$ (+15 %)
b	-2,75	-2,75	-2,75	-2,3	-2,3	-2,3
β_1 / β_1^b	-	-	-0,5 / -0,5	-0,5 / -0,25	-0,5 / -0,25	-0,5 / -0,25
β_2 / β_2^b	2 / 4	2 / 3	2 / 3	1 / 1,5	1 / 1,5	1 / 1,5
β_3 / β_3^b	-	-1 / -0,5	-1 / -0,5	-	-1 / -0,5	-1 / -0,5
β_4 / β_4^b	-	3 / 4,5	3 / 4,5	-	-	3 / 4,5
β_5 / β_5^b	-	-	-	5 / 15	5 / 15	5 / 15
f / f^c	-	0,5 / 0,1	0,5 / 0,1	0,15 / 0,05	0,15 / 0,05	0,15 / 0,05
γ	1,12	1,12	1,12	-	-	-
s_{1-5}	50	50	50	50	50	50
Θ_1	-	-	0,10	0,40	0,32	0,30
Θ_2	1,00	0,44	0,41	0,35	0,31	0,18
Θ_3	-	0,19	0,16	-	0,14	0,10
Θ_4	-	0,37	0,33	-	-	0,22
Θ_5	-	-	-	0,25	0,23	0,20

Hinweise: $a - a(N_{ch})$: Marktpotential unabhängig – Marktpotential abhängig von der Anzahl an Vertriebskanälen, b: Preiselastizität, β: Serviceaufwand (vertriebskanalspezifisch: 1 = herstellereigener Online-Shop, 2 = Offline-Händler, 3 = Online-Händler, 4 = Mehrkanalhändler, 5 = herstellereigener Offline-Shop), f: Kreuzpreiselastizität, γ: Grauimport-Multiplikator, s: Servicesensitivität der Konsumenten, Θ: Marktpotentialanteil (vertriebskanalspezifisch). [a] Expertenschätzung, [b] Servicedifferenzierung, [c] Markendifferenzierung.

Tabelle 2.3: Input-Parameter für die numerische Analyse

Das Marktpotentialwachstum durch neue Vertriebskanäle und das Serviceniveau in den verschiedenen Vertriebskanälen wurde von Vertriebsexperten in den Unternehmen geschätzt. Dieser Ansatz stimmt überein mit der Idee, von Managern geschätzte Parameter in Modellen für die strategische Entscheidungsfindung zu nutzen (vgl. z. B. Leeflang/Wittink 2000). Werte hinsichtlich Markendifferenzierung basieren auf konkreten Erfahrungen beider Firmen, die sie kürzlich mit spezifischen Marken bzw. Produkten in unterschiedlichen Kanälen gemacht hatten. Werte hinsichtlich Servicedifferenzierung basieren auf einem Basis-Serviceniveau (vgl. z. B. Dan/Xu/Liu 2012) und einem Multiplikator. Die Höhe dieses Multiplikators hängt vom vertriebskanalspezifischen Serviceaufwand ab. Blattberg/Hoch (1990) und Gupta (1994) bestätigen sowohl die Validität derartiger Parameterwerte als auch die Effizienz von urteilsbasierten Modellen zur Entscheidungsverbesserung (vgl. Homburg et al. 2013).

2.5 Numerische Analyse

2.5.1 Gewinnmaximierende Vertriebssystemgestaltung und -koordination

In diesem Abschnitt wird das analytische Modell empirisch auf die zwei Business Cases angewandt. Damit soll der Frage nachgegangen werden, inwieweit die optimale Vertriebssystemgestaltung und Vertriebssystemkoordination von verschiedenen Parameterkombinationen abhängt. Zentrale erklärende Parameter sind dabei die Folgenden: Marktpotentialwachstum abhängig von der Art und Anzahl der Vertriebskanäle, vertriebskanalspezifischer Marktpotentialanteil, Preiselastizitäten, Kreuzpreiselastizitäten, vertriebskanalspezifische Serviceniveaus (vgl. Tabelle 2.3). Diese Parameter repräsentieren den Kanaleigenschaftenansatz von Avery et al. (2012), der Vertriebskanälen entweder synergetische Eigenschaften oder kannibalistische Eigenschaften zuweist. Kanäle mit synergetischen Eigenschaften (z. B. ein hohes Serviceniveau) erhöhen die Nachfrage, Kanäle mit kannibalistischen Eigenschaften (z. B. ein hoher Marktpotentialanteil) reduzieren die Nachfrage in konkurrierenden Kanälen. So weisen Online-Kanäle beispielsweise häufig niedrigere Serviceniveaus und einen höheren Kannibalisierungsgrad auf, was niedrigere Preise bedingt.

In Bezug auf den Hersteller langlebiger Konsumgüter werden drei Vertriebssystemoptionen untersucht: reiner direkter Vertrieb, multipler indirekter Vertrieb (derzeitiges Vertriebssystem) und händlergeprägter Mehrkanalvertrieb (vgl. Abbildung 2.2A). In Bezug auf den Hersteller kurzlebiger Konsumgüter werden ebenfalls drei Optionen untersucht: anbietergeprägter Mehrkanalvertrieb (derzeitiges Vertriebssystem), differenzierter Mehrkanalvertrieb I und differenzierter Mehrkanalvertrieb II (vgl. Abbildung 2.2B). Zudem erfolgt eine Analyse des Effekts von vier unterschiedlichen Koordinationsszenarien: ohne Marken- oder Servicedifferenzierung (Szenario 1), Markendifferenzierung (Szenario 2), Servicedifferenzierung (Szenario 3), Marken- und Servicedifferenzierung (Szenario 4) zwischen den Vertriebskanälen. Dabei fungiert Szenario 1 unter Berücksichtigung von Marktpotentialwachstum in Abhängigkeit von der Zahl der genutzten Vertriebskanäle a(N_{ch}) als die Vergleichsbasis ("Basic Setting").

Aus dem Vergleich der resultierenden Preise und Gewinne des Herstellers langlebiger Konsumgüter in Tabelle 2.4 und des Herstellers kurzlebiger Konsumgüter in Tabelle 2.5 wird ersichtlich: Die Frage nach der optimalen Vertriebssystemgestaltung und der optimalen Vertriebssystemkoordination sind eng miteinander verbunden.

Vertriebs-system / Preise und Gewinne (GE)	Hersteller langlebiger Konsumgüter		
	reiner indirekter Vertrieb	multipler indirekter Vertrieb $a - a(N_{ch})$	händlergeprägter Mehrkanalvertrieb $a - a(N_{ch})$
w 1: f & S konstant	827,92	416,67 – **536,86**	447,53 – **589,20**
2: f variiert/S konstant	827,92	300,93 – 387,73 **+9,7 %**	275,60 – 368,05
3: f konstant/S variiert	844,16	428,69 – 548,88	461,14 – 611,81
4: f & S variiert	844,16	309,61 – 396,41	284,31 – 376,76
p_1 1: f & S konstant	-	-	295,06 – 396,85*
2: f variiert/S konstant	-	-	103,95 – 141,37*
3: f konstant/S variiert	-	-	301,69 – 403,48*
4: f & S variiert	-	-	104,80 – 142,22*
p_2 1: f & S konstant	1.241,88	669,71 – **862,38**	686,93 – **917,37**
2: f variiert/S konstant	1.241,88	536,86 – 691,17	500,22 – 667,46
3: f konstant/S variiert	1.266,23	686,57 – 879,24	705,39 – 935,83
4: f & S variiert	1.266,23	549,74 – 704,05	513,12 – 680,36
p_3 1: f & S konstant	-	459,50 – **595,86**	476,72 – **641,47**
2: f variiert/S konstant	-	313,22 – 407,63	276,57 – 373,93
3: f konstant/S variiert	-	472,61 – 608,97	491,42 – 656,18
4: f & S variiert	-	322,10 – 416,51	285,49 – 382,84
p_4 1: f & S konstant	-	624,67 – **801,57** **+28,3 %**	634,38 – **843,80**
2: f variiert/S konstant	-	488,94 – 626,48	444,31 – 589,18
3: f konstant/S variiert	-	645,28 – 822,18	656,59 – 866,01
4: f & S variiert	-	505,81 – 643,34	461,20 – 606,08
π_1 1: f & S konstant	1.055.601	646.641 – **1.073.510** **+6,3 %**	765.026 – **1.369.923**
2: f variiert/S konstant	1.055.601	404.331 – **671.244** **+27,6 %**	363.485 – **650.132** **52,5 %**
3: f konstant/S variiert	1.097.403	684.485 – 1.122.116 **-3,1 %**	810.042 – 1.429.908
4: f & S variiert	1.097.403	427.995 – 701.636	385.449 – 679.357
π_2 1: f & S konstant	527.800	197.216 – 326.362	176.517 – 313.763
2: f variiert/S konstant	527.800	171.450 – 283.596	155.393 – 276.112
3: f konstant/S variiert	548.701	204.840 – 336.149	183.734 – 323.361
4: f & S variiert	548.701	177.601 – 291.490	161.251 – 283.902
π_3 1: f & S konstant	-	5.651 – 10.722	2.624 – **5.767** **-98,1 %**
2: f variiert/S konstant	-	0.465 – 1.219	0.003 – **0.107**
3: f konstant/S variiert	-	5.943 – 11.122	2.824 – 6.062
4: f & S variiert	-	0.481 – 1.244	0.004 – 0.114
π_4 1: f & S konstant	-	**133.252 – 215.814** **+62,0 %**	107.525 – 185.782
2: f variiert/S konstant	-	108.874 – 175.557	87.662 – 150.615
3: f konstant/S variiert	-	144.497 – 230.063	117.649 – 199.018
4: f & S variiert	-	118.564 – 187.806 **+15,3 %**	96.378 – 161.976
π_t 1: f & S konstant	1.583.401	982.760 – **1.626.408**	1.051.692 – **1.875.235**
2: f variiert/S konstant	1.583.401	685.120 – 1.131.616	606.543 – 1.076.966
3: f konstant/S variiert	1.646.104	1.039.765 – 1.699.450	1.114.249 – 1.958.349
4: f & S variiert	1.646.104	724.640 – 1.182.176	643.082 – 1.125.349

Hinweise: Szenario 1 (*Vergleichsbasis*): ohne Marken- oder Servicedifferenzierung, Szenario 2: Markendifferenzierung, Szenario 3: Servicedifferenzierung, Szenario 4: Marken- und Servicedifferenzierung; $a - a(N_{ch})$: Marktpotential unabhängig – Marktpotential abhängig von der Anzahl an Vertriebskanälen, GE: Geldeinheiten, p_1: Preis im herstellereigenen Online-Shop, π_1: Gewinne des Herstellers, p_2/π_2: Preis/Gewinne des Offline-Händlers, p_3/π_3: Preis/Gewinne des Online-Händlers, p_4/π_4: Preis/Gewinne des Mehrkanalhändlers, π_t: Gesamtgewinn, w: Herstellerabgabepreis; *p_1 = w.

Tabelle 2.4: Numerischer Vergleich von Vertriebssystemen (Hersteller langlebiger Konsumgüter)

Vertriebssystem Preise und Gewinne (GE)	anbietergeprägter Mehrkanalvertrieb		differenzierter Mehrkanalvertrieb I $a - a(N_{ch})$		differenzierter Mehrkanalvertrieb II $a - a(N_{ch})$
Hersteller kurzlebiger Konsumgüter					
w 1: f & S konstant	5,91		4,19 – **4,40**		3,63 – **4,15**
2: f variiert/S konstant	5,39	*-25,5 %*	3,52 – 3,70	*-29,8 %*	2,82 – 3,23
3: f konstant/S variiert	6,05		4,34 – 4,54		3,83 – 4,35
4: f & S variiert	5,47		3,60 – 3,78		2,94 – 3,35
p_1 1: f & S konstant	6,44		5,43 – **5,70**		5,29 – 6,08
2: f variiert/S konstant	5,94		4,82 – 5,06		4,55 – 5,23
3: f konstant/S variiert	6,55		5,55 – 5,82	*-24,2 %*	5,43 – 6,22
4: f & S variiert	5,99		4,87 – 5,11		4,61 – 5,29
p_2 1: f & S konstant	**8,50**		7,17 – **7,52**		5,16 – 5,90
2: f variiert/S konstant	7,98		6,49 – 6,81		4,30 – 4,92
3: f konstant/S variiert	8,66		7,39 – 7,74	*-36,0 %*	5,38 – 6,12
4: f & S variiert	8,08		6,65 – 6,97		4,43 – 5,05
p_3 1: f & S konstant	-		4,58 – **4,81**		3,83 – 4,40
2: f variiert/S konstant	-	*-30,5 %*	3,84 – 4,04		2,94 – 3,39
3: f konstant/S variiert	-		4,75 – 4,98		4,05 – 4,62
4: f & S variiert	-		3,95 – 4,15		3,07 – 3,52
p_4 1: f & S konstant	-		-		5,93 – 6,76
2: f variiert/S konstant	-		-		5,09 – 5,79
3: f konstant/S variiert	-		-		6,25 – 7,08
4: f & S variiert	-		-		5,32 – 6,03
p_5 1: f & S konstant	4,96*		4,77 – 4,98		4,49 – 5,08
2: f variiert/S konstant	4,40*		4,13 – 4,31		3,72 – 4,19
3: f konstant/S variiert	6,07		5,88 – 6,09		5,63 – 6,21
4: f & S variiert	5,49		5,22 – 5,40		4,81 – 5,29
π_1 1: f & S konstant	17.183		13.708 – **15.058**		12.718 – 16.591
2: f variiert/S konstant	15.378		11.546 – 12.682	*+1,4 %*	10.080 – 13.152
3: f konstant/S variiert	20.106		16.568 – 18.033		15.608 – 19.826
4: f & S variiert	17.998		14.038 – **15.271**		12.467 – 15.812
π_2 1: f & S konstant	**1.536**		2.038 – **2.239**		0.541 – 0.708
2: f variiert/S konstant	1.536	*+45,8 %*	2.025 – 2.225	*+1,2 %*	0.502 – 0.658
3: f konstant/S variiert	1.568		2.076 – 2.279		0.550 – 0.719
4: f & S variiert	1.568		2.063 – **2.265**		0.509 – 0,666
π_3 1: f & S konstant	-		0.034 – 0.039		0.010 – 0.015
2: f variiert/S konstant	-		0.024 – 0.027		0.003 – 0.006
3: f konstant/S variiert	-		0.039 – 0.044		0.011 – 0.017
4: f & S variiert	-		0.028 – 0.032		0.004 – 0.007
π_4 1: f & S konstant	-		-		1.221 – 1.566
2: f variiert/S konstant	-		-		1.180 – 1.512
3: f konstant/S variiert	-		-		1.350 – 1.712
4: f & S variiert	-		-		1.306 – 1.654

Hinweise: Szenario **1** (*Vergleichsbasis*): ohne Marken- oder Servicedifferenzierung, Szenario **2**: Markendifferenzierung, Szenario 3: Servicedifferenzierung, Szenario 4: Marken- und Servicedifferenzierung; $a - a(N_{ch})$: Marktpotential unabhängig – Marktpotential abhängig von der Anzahl an Vertriebskanälen, GE: Geldeinheiten, p_1: Preis im herstellereigenen Online-Shop, π_1: Gewinne des Herstellers, p_2/π_2: Preis/Gewinne des Offline-Händlers, p_3/π_3: Preis/Gewinne des Online-Händlers, p_4/π_4: Preis/Gewinne des Mehrkanalhändlers, p_5: Preis des herstellereigenen Offline-Shops, w: Herstellerabgabepreis; Skalierungsfaktor für Preise und Gewinne: 1/100; *p_5= w.

Tabelle 2.5: Numerischer Vergleich von Vertriebssystemen (Hersteller kurzlebiger Konsumgüter)

Zieht man die Vergleichsbasis (Szenario 1, Marktpotential abhängig von der Anzahl an Vertriebskanälen) heran, wird deutlich, dass die Gewinne des Herstellers langlebiger Konsumgüter um 27,6 % zunehmen, wenn ein direkter Vertriebskanal zum derzeit verwendeten multiplen indirekten Vertriebssystem hinzugefügt wird. Das daraus resultierende händlergeprägte Mehrkanalvertriebssystem übertrifft auch das aktuelle System im Falle einer Servicedifferenzierung (Szenario 3). Nimmt man allerdings Markendifferenzierung an (Szenario 2), so würde das Hinzufügen eines direkten Kanals die Gewinne des Herstellers langlebiger Konsumgüter um 3,1 % verringern (vgl. Tabelle 2.4). Auch im Falle einer Marken- und Servicedifferenzierung (Szenario 4) ist ein Gewinnrückgang zu verzeichnen. Dementsprechend ist es wichtig, Aspekte der Vertriebssystemgestaltung und -koordination ganzheitlich zu analysieren.

Lee et al. (2013) heben hervor, dass bisherige Studien noch keine ausreichenden Implikationen für die Preissetzung liefern, wenn neue Vertriebskanäle hinzugefügt werden. Die Analysen im Rahmen dieser Studie führen zu folgender Beobachtung:

These 1: *Die gewinnmaximierenden Preise aller Vertriebssystemmitglieder sinken, wenn indirekte Kanäle hinzugefügt werden, aber steigen, wenn direkte Kanäle hinzugefügt werden. Preise in direkten bzw. Online-Kanälen sind tendenziell niedriger als Preise in indirekten bzw. Offline-Kanälen.*

Das Hinzufügen indirekter Vertriebskanäle führt tendenziell zu einem Absinken gewinnmaximierender Herstellerabgabe- und Einzelhandelspreise. Im Falle des Herstellers kurzlebiger Konsumgüter (vgl. Tabelle 2.5) führt das Hinzufügen eines Online-Händlers zu dem derzeit verwendeten anbietergeprägten Mehrkanalvertrieb beispielsweise zu einem Absinken des Herstellerabgabepreises um 25,5 % im Basisszenario 1. Durch das Hinzufügen von Online- und Mehrkanalhändlern sinkt der Herstellerabgabepreis sogar um 29,8 %, vergleicht man den anbietergeprägten Mehrkanalvertrieb mit dem differenzierten Mehrkanalvertrieb II.

Fügt man im Gegensatz dazu einen direkten Vertriebskanal hinzu, steigt das Preisniveau insgesamt an. Im Vergleichsbasisszenario des Herstellers langlebiger Konsumgüter steigt beispielsweise der Herstellerabgabepreis um 9,7 % an, wenn der Hersteller einen eigenen Online-Shop eröffnet. Zudem steigt auch das Preisniveau der bestehenden Kanäle um 6,3 % an, vergleich man den multiplen indirekten Vertrieb mit dem händlergeprägten Mehrkanalvertrieb. Dies trifft insbesondere in den Szenarien ohne Marken- und Servicedifferenzierung (Szenario 1) bzw. mit Servicedifferenzierung (Szenario 3) zu.

Dieses Ergebnis geht einher mit der Idee des Kanaleigenschaftenansatzes von Avery et al. (2012). Neue Kanäle reduzieren das Preisniveau, wenn sie kannibalistische Eigenschaften aufweisen. Das heißt, sie führen zu keinem oder zu einem nur sehr geringen Wachstum des Marktpotentials, gleichzeitig vereinnahmen sie aber einen hohen Anteil am Marktpotential, oder aber sie weisen ein nur sehr geringes Serviceniveau auf. Während der erste Aspekt in den vorliegenden Business Cases eher noch auf das Hinzufügen direkter Kanäle zutrifft, gelten die anderen beiden Aspekte eher im Falle des Hinzufügens eines indirekten Kanals. Da Letzteres die vorherrschende Gestaltungsoption für die Hersteller darstellt, führt dies zu sinkenden Preisen.

Zudem zeigen die Ergebnisse der vorliegenden Analyse, dass die gewinnmaximierenden Preise direkter Vertriebskanäle tendenziell niedriger sind als die der indirekten Vertriebskanäle. Im Falle des Herstellers kurzlebiger Konsumgüter im anbietergeprägten Mehrkanalvertrieb (vgl. Tabelle 2.5), ist beispielsweise der Preis im herstellereigenen Offline-Shop 30,5 % niedriger als der Preis des Offline-Händlers. In beiden Business Cases (vgl. Tabelle 2.4 und 2.5) sind zudem die optimalen Online-Preise von Hersteller und Händlern tendenziell niedriger als die Offline-Preise: Im Falle des Herstellers kurzlebiger Konsumgüter, der seine Produkte über den differenzierten Mehrkanalvertrieb I vertreibt, liegen zum Beispiel die Online-Preise des Herstellers bzw. des Online-Händlers 24,2 % bzw. 36,0 % unter dem entsprechenden Preis des Offline-Händlers. Dies ist ein weiteres Indiz für die unterschiedlich ausgeprägten Kanaleigenschaften. Verglichen mit indirekten (Offline-)Kanälen, weisen direkte (Online-)Kanäle in den Business Cases unterlegene Eigenschaften auf (vgl. Tabelle 2.3). Als Indikatoren seien geringere Serviceniveaus, geringere Marktanteile bzw. eine geringere Vertriebskanalpräferenz in der Konsumentenwahrnehmung genannt, die zu niedrigeren Preisen in direkten (Online-)Vertriebskanälen führen.

Darüber hinaus ist es wichtig, die Rahmenbedingungen zu identifizieren, unter denen das Hinzufügen direkter oder indirekter Kanäle Herstellern und Händlern zugutekommt. Die Analysen im Rahmen dieser Studie führen zu folgendem Ergebnis:

These 2. *Das Hinzufügen direkter oder indirekter Kanäle steigert die Gewinne von Hersteller und Händlern, wenn (a) das (dadurch bedingte) Marktpotentialwachstum ausreichend groß ist, (b) Servicedifferenzierung vorliegt oder (c) der neue Kanal nur einen geringen Marktanteil einnimmt.*

Wenn direkte oder indirekte Vertriebskanäle hinzugefügt werden, steigt der Gesamtgewinn für alle Vertriebssystemmitglieder und der Gewinn von sowohl Herstellern als auch Händlern an, wenn insbesondere die folgenden drei Rahmenbedingungen gegeben sind. Erstens führen neue direkte oder indirekte Kanäle zu einem ausreichend großen Anstieg des Marktpotentials. Im Falle des Herstellers langlebiger Konsumgüter (vgl. Tabelle 2.4, Vergleichsbasisszenario) führt beispielsweise die Erweiterung eines reinen indirekten Vertriebs zu einem multiplen indirekten Vertrieb zu einem Gewinnanstieg des Herstellers, wenn das Marktpotentialwachstum über 28,8 % liegt. Für einen Gewinnanstieg des Offline-Händlers muss das Marktpotentialwachstum sogar über einem Schwellenwert von 66,7 % liegen. Da Experten der Firma ein Marktpotentialwachstum von 30,0 % für realistisch halten (vgl. Tabelle 2.3), steigen die Gewinne des Herstellers, während die Gewinne der Offline-Händler sinken, wenn indirekte Kanäle hinzugefügt werden. Zweitens setzen Hersteller und Händler nicht auf Marken- und Servicedifferenzierung (Szenario 1) oder sie differenzieren (erhöhen) das Serviceangebot (Szenario 3). Im Falle von Markendifferenzierung (Szenario 2) sind die positiven Effekte durch das Hinzufügen direkter oder indirekter Kanäle abgeschwächt (vgl. Tabelle 2.4 und Tabelle 2.5). Drittens: Der neue direkte oder indirekte Kanal weist keine oder nur geringe kannibalistische Eigenschaften auf und adressiert eine andere Konsumentenzielgruppe.

Wie das Einstiegsbeispiel des Herstellers langlebiger Konsumgüter zeigt, führt das Hinzufügen eines „schwachen" direkten Vertriebskanals zu einem Anstieg des Herstellergewinns um 27,3 % und des Gesamtgewinns um 15,3 % (vgl. Tabelle 2.4). Dies gilt sogar, wenn das Hinzufügen des direkten Vertriebskanals kein Marktpotentialwachstum bedingt. Dieser Befund geht einher mit der Studie von Dumrongsiri et al. (2008), die ebenfalls darauf hindeutet, dass das Hinzufügen direkter Vertriebskanäle den Gesamtgewinn des Vertriebssystems erhöht. In diesem Zusammenhang zeigen Chiang/Chhajed/Hess (2003), dass sowohl die Gewinne des Herstellers als auch der Händler durch das Hinzufügen eines direkten Vertriebskanals steigen können, selbst wenn dieser keine Umsätze erwirtschaftet. Die reine Androhung des Herstellers, über einen direkten Vertriebskanal zu verkaufen, führt zu einem Umsatzanstieg in den indirekten Vertriebskanälen. Die vorliegende Studie kann diese Ergebnisse bestätigen, indem die Parameter analog kalibriert werden ($\Theta_1 = 0$). Jedoch kommt es in dem realen Business Case des Herstellers langlebiger Konsumgüter zu Kannibalisierungseffekten zwischen dem neu hinzugefügten direkten Vertriebskanal und den bestehenden indirekten Vertriebskanälen. Dies führt zu sinkenden Gewinnen der Händler und bestätigt die Studie von Cattani et al. (2006), die Kannibalisierungseffekte insbesondere dann ausmachen, wenn neu hinzugefügte direkte Vertriebskanäle nicht zu einem ausreichend großen Marktpotentialwachstum führen. Auch eine hohe Überschneidung zwischen direkten und indirekten Vertriebskanälen im Hinblick auf das angebotene Serviceniveau ist ein wesentlicher Aspekt in diesem Zusammenhang (vgl. Deleersnyder et al. 2002).

Im Falle des Herstellers kurzlebiger Konsumgüter (vgl. Tabelle 2.5) steigen die Gewinne des Offline-Händlers, wenn der Hersteller einen neuen indirekten Online-Vertriebskanal hinzufügt (differenzierter Mehrkanalvertrieb I). Hierbei steigen die Gewinne des Offline-Händlers um 45,8 %, obwohl sein Preis um 36,0 % über dem Online-Preisniveau liegt. Dies gilt, da der neue indirekte Vertriebskanal insbesondere die Nachfrage in bestehenden direkten Online-Kanälen kannibalisiert und folglich den relativen Anteil des Offline-Händlers am Marktpotential im Vergleich zu allen anderen Vertriebskanälen erhöht (vgl. Tabelle 2.3). Die Erkenntnis, dass das Hinzufügen von Online-Händlern bestehenden Offline-Händlern von Nutzen sein kann, bestätigt auch die Studie von Hsiao/Chen (2014).

Wie bereits erwähnt, spielen beim Hinzufügen neuer Vertriebskanäle Schwellenwerte hinsichtlich des Marktpotentialwachstums eine zentrale Rolle bei strategischen Vertriebssystemüberlegungen. Dementsprechend stellt sich die Frage, ob Preise und Gewinne proportional mit dem Marktpotentialwachstum zunehmen oder nicht. Die Analysen im Rahmen dieser Studie zeigen:

These 3. *Während die Preise von Hersteller und Händlern in etwa proportional mit dem Marktpotentialwachstum ansteigen, erhöhen sich ihre Gewinne überproportional.*

Vergleicht man die Ergebnissituationen mit dem Marktpotential unabhängig und dem Marktpotential abhängig von der Anzahl an Vertriebskanälen, so wird deutlich, dass die Gewinne des Herstellers und der Händler überproportional mit dem vertriebssystembedingten Marktpotentialwachstum ansteigen. Während Preise tendenziell der Entwicklung des Marktpotentials folgen, weichen die Gewinne in beiden Business Cases davon ab. Beispielhaft soll der Fall des Herstellers langlebiger Konsumgüter betrachtet werden, dessen Marktpotential um 30,0 % ansteigt, wenn er neue indirekte Kanäle zum reinen indirekten Vertrieb über einen Offline-Händler hinzufügt (vgl. Tabelle 2.3 und Tabelle 2.4). Hierbei steigt der optimale Preis des Mehrkanalhändlers um 28,3 % und somit in etwa proportional mit dem Marktpotential an, während sich seine Gewinne um 62,0 % überproportional erhöhen. Dementsprechend ist das Marktpotentialwachstum ein wesentlicher Indikator, wenn es um profitable Erweiterungen von Vertriebssystemen geht. Gleichzeitig hat das Marktpotentialwachstum auch eine Art Hebelfunktion in differenzierten Mehrkanalsystemen inne, wenn es um die Maximierung der Gewinne von Herstellern und Händlern geht. Dies geht einher mit These 2 (a) und den von Yoo/Lee (2011) postulierten Effekten der Marktabdeckung.

Marken- und Servicedifferenzierung sind zentrale Koordinationsmechanismen (vgl. z. B. Chen/Fang/Wen 2013; Dan/Xu/Liu 2012; Pei/Yan 2015; Tsay/Agrawal 2000; Xiao/Yang 2008; Yan 2011). Deshalb stellt sich Frage, ob die Effekte dieser Koordinationsmechanismen auf Preise und Gewinne von Hersteller und Händlern, die in einfacheren Vertriebssystemen untersucht wurden, auch in differenzierten Vertriebssystemen gelten. Der Vergleich von Szenario 1 mit Szenario 2 über beide Business Cases hinweg liefert die folgende These:

These 4. *Die Preise und Gewinne von Hersteller und Händlern sinken, wenn der Grad der Markendifferenzierung zwischen Kanälen steigt.*

In Übereinstimmung mit der Studie von Choi (1991) sinken Preise und Gewinne, wenn der Grad der Markendifferenzierung steigt: In beiden Business Cases kommt es zu einem Rückgang der Herstellerabgabepreise zwischen 8,8 % und 37,5 %, der Offline-Händler-Preise zwischen 6,1 % und 27,2 %, der Online-Händler-Preise zwischen 16,0 % und 41,7 % und der Mehrkanalhändler-Preise zwischen 14,0 % und 30,2 %. Von einem Gewinnrückgang besonders betroffen sind der Hersteller langlebiger Konsumgüter und der Online-Händler langlebiger Konsumgüter (mit geringen Serviceniveaus und hohen Kreuzpreiselastizitäten verglichen mit dem Business Case der kurzlebigen Konsumgüter). Im händlergeprägten Mehrkanalvertrieb sinkt beispielsweise der Gewinn des Herstellers um 52,5 % und der des Online-Händlers um sogar 98,1 % verglichen mit dem Vergleichsbasisszenario 1 (vgl. Tabelle 2.4).

Gleichzeitig widerlegen diese Ergebnisse frühere Studien (vgl. z. B. Yan 2011) und die allgemeine Annahme bzw. Intuition, dass Markendifferenzierung zwischen Vertriebskanälen zu einer geringeren Vergleichbarkeit sowie zu einem geringeren Wettbewerb zwischen Anbietern derselben Marke (Intrabrand-Wettbewerb) und damit zu höheren Preisen und Gewinnen für alle Vertriebssystemmitglieder führt. Aufgrund der Eigenschaften von linearen Nachfragefunktionen führt jedoch ein Rückgang der

Markensubstituierbarkeit zu einem Rückgang in der Gesamtnachfrage (vgl. Ingene/Parry 2004). Deshalb nehmen die Gewinne von Hersteller und Händlern unabhängig vom gewählten Vertriebssystem ab (vgl. Choi 1991).

Im Zuge der Analyse einfacherer Vertriebssysteme postulieren Dan/Xu/Liu (2012), dass Servicedifferenzierung einen großen Einfluss auf die Preise und Gewinne von Hersteller und Händlern haben. Der Vergleich von Szenario 1 mit Szenario 3 über beide Business Cases hinweg führt zu folgender These:

These 5. *Die Preise und Gewinne von Hersteller und Händlern steigen, wenn der Grad der Servicedifferenzierung zwischen Kanälen steigt.*

These 5 deutet darauf hin, dass alle Vertriebssystemmitglieder von einem höheren Grad der Servicedifferenzierung zwischen Kanälen profitieren. Über beide Business Cases hinweg (vgl. Tabelle 2.4 und Tabelle 2.5) steigen insbesondere die Preise und Gewinne des herstellereigenen Offline-Shops, des Offline-Händlers und des Mehrkanalhändlers. Dieser Effekt ist zurückzuführen auf einen Nachfrageanstieg, der auf einem höheren Serviceniveau basiert. Damit werden die Ergebnisse der Studie von Chen/Fang/Wen (2013) bestätigt, die einfachere Vertriebssysteme untersuchen, aber zusätzlich auch Servicekosten berücksichtigen. Als kontraintuitives Ergebnis angesehen werden kann die Tatsache, dass die Preise aller direkten und indirekten Vertriebskanäle in Szenario 3 ansteigen, sogar wenn das Serviceniveau im jeweiligen Vertriebskanal konstant bleibt. Der generelle Anstieg der Nachfrage führt zu vorteilhaften Ausstrahlungseffekten. Dies ist ein positiver Nebeneffekt für das gesamte Vertriebssystem und im Einklang mit der Studie von Dumrongsiri et al. (2008). Diese zeigt, dass die Gewinne des Herstellers mit einem Anstieg des Serviceniveaus der Händler zunehmen. Die vorliegende Studie bestätigt neben den Ergebnissen von Chen/Fang/Wen (2013) auch die Ergebnisse von Pei/Yan (2015), die ebenfalls zeigen, dass Servicedifferenzierung Vertriebskanalkonflikte reduzieren und folglich die Gewinne aller Vertriebssystemmitglieder steigern kann.

Demzufolge stellt sich die Frage, ob die positiven Effekte der Servicedifferenzierung auf Preise und Gewinne von Hersteller und Händlern möglicherweise die negativen Effekte der Markendifferenzierung vermindern können. Der Vergleich der kombinierten Effekte der Marken- und Servicedifferenzierung in Szenario 4 mit den Effekten der Markendifferenzierung in Szenario 2 führt zu folgendem Ergebnis:

These 6. *Die negativen Auswirkungen der Markendifferenzierung auf die Preise und Gewinne von Hersteller und Händlern können durch Servicedifferenzierung gemildert werden.*

Über beide Business Cases hinweg sind Preise und Gewinne in Szenario 4 höher als in Szenario 2. Dementsprechend profitieren alle Vertriebssystemmitglieder im Falle einer bestehenden Markendifferenzierung von differenzierten Serviceniveaus. So steigen beispielsweise die Gewinne des Herstellers langlebiger Konsumgüter durchschnittlich um 4,3 % und die Gewinne des Herstellers kurzlebiger Konsumgüter durchschnittlich um 19,1 %. Die Gewinne des Herstellers und des Offline-Händlers kurzlebiger Konsumgüter sind in Szenario 4 sogar leicht höher als ihre Gewinne in Szenario 1 (+1,4 % bzw. +1,2 % im differenzierten Mehrkanalvertrieb I, vgl. Tabelle 2.5). Somit kann geschlussfolgert werden, dass der kombinierte Einsatz von Marken- und Servicedifferenzierung durchaus sinnvoll ist, wenn ein geringes Kreuzpreiselastizitätsniveau vorliegt (vgl. Tabelle 2.3).

Tabelle 2.6 fasst die zentralen Ergebnisse der numerischen Analyse zusammen. Dabei bestätigen vier von sechs Thesen die Ergebnisse früherer Studien, die weder differenzierte Vertriebssysteme noch echte Business Cases berücksichtigten. Gleichzeitig widerlegt die vorliegende Analyse differenzierter Vertriebssysteme zum Teil die Ergebnisse früherer Studien. Während das Ergebnis, dass Markendifferenzierung tendenziell die Gewinne von Hersteller und Händlern reduziert, mit der Studie von Choi (1991) übereinstimmt, widerspricht es dem Ergebnis von Yan (2011), der positive Effekte der Markendifferenzierung aufzeigt.

Zudem werden zwei Thesen abgeleitet, die neue Erkenntnisse zur Vertriebsliteratur beitragen. Insbesondere werden neue Belege für die optimale Preissetzung und das Zusammenspiel von Marken- und Servicedifferenzierung zwischen Kanälen in differenzierten Vertriebssystemen geliefert.

Thesen (basierend auf differenzierten Mehrkanalsystemen)	Problemklassifizierung	Konsistenz der Thesen mit früheren Studien (einfachere Vertriebssysteme)
These 1: Die gewinnmaximierenden Preise aller Vertriebssystemmitglieder sinken, wenn indirekte Kanäle hinzugefügt werden, aber steigen, wenn direkte Kanäle hinzugefügt werden. Preise in direkten bzw. Online-Kanälen sind tendenziell niedriger als Preise in indirekten bzw. Offline-Kanälen.	Vertriebssystemgestaltung und -koordination	-
These 2: Das Hinzufügen direkter oder indirekter Kanäle steigert die Gewinne von Hersteller und Händlern, wenn (a) das (dadurch bedingte) Marktpotentialwachstum ausreichend groß ist, (b) Servicedifferenzierung vorliegt oder (c) der neue Kanal nur einen geringen Marktanteil einnimmt.	Vertriebssystemgestaltung und -koordination	konsistent mit Cattani et al. (2006), Chiang/Chhajed/ Hess (2003), Dumrongsiri et al. (2008) und Hsiao/Chen (2014)
These 3: Während die Preise von Hersteller und Händlern in etwa proportional mit dem Marktpotentialwachstum ansteigen, erhöhen sich ihre Gewinne überproportional.	Vertriebssystemgestaltung und -koordination	konsistent mit Yoo/Lee (2011)
These 4: Die Preise und Gewinne von Hersteller und Händlern sinken, wenn der Grad der Markendifferenzierung zwischen Kanälen steigt.	Vertriebssystemkoordination	konsistent mit Choi (1991); widersprüchlich zu Yan (2011)
These 5: Die Preise und Gewinne von Hersteller und Händlern steigen, wenn der Grad der Servicedifferenzierung zwischen Kanälen steigt.	Vertriebssystemkoordination	konsistent mit Chen/Fang/ Wen (2013), Dan/Xu/Liu (2012), Dumrongsiri et al. (2008) und Pei/Yan (2015)
These 6: Die negativen Auswirkungen der Markendifferenzierung auf die Preise und Gewinne von Hersteller und Händlern können durch Servicedifferenzierung gemildert werden.	Vertriebssystemkoordination	-

Tabelle 2.6: Zusammenfassung zentraler Ergebnisse

2.5.2 Generalisierbarkeit der Ergebnisse

Die Generalisierbarkeit der Ergebnisse wurde in dreierlei Hinsicht sichergestellt. Erstens wurden weitere vereinfachende Annahmen getroffen, um die Bedingungen, unter denen die Ergebnisse zutreffen, mathematisch zu beschreiben. Dabei sind die Thesen, die auf numerischen Analysen basieren, konsistent mit den Ergebnissen, die auf einfacheren analytischen Modellen mit geschlossenen Lösungen basieren. Dies bestätigt die Eignung des gewählten Ansatzes. Nachfolgend sei dazu beispielhaft die Lösung eines etwas einfacheren analytischen Modells in Bezug auf These 2 dargestellt, um so die Bedingungen für ein Zutreffen von These 2 mathematisch zu prüfen. Konkret geht es um die Bedingungen, unter denen der Hersteller von einem Hinzufügen zusätzlicher indirekter und direkter Vertriebskanäle profitiert.

Im Falle des Herstellers langlebiger Konsumgüter führt die „indirekte" Vertriebssystemerweiterung von einem reinen indirekten Vertrieb zu einem multiplen indirekten Vertrieb zu einem Gewinnanstieg des Herstellers, wenn die folgende Ungleichung gilt: π_1 (reiner indirekter Vertrieb) < π_1 (multipler indirekter Vertrieb),

$$\frac{(\tilde{a}+\tilde{\beta}\tilde{s})^2}{8b\gamma} < \frac{b\gamma(\beta_3 s-\beta_2 s-3a-\beta_4 s+2a\theta_2+2a\theta_3+2a\theta_4)^2}{(2f-b\gamma)(f-b\gamma)24} . \tag{2.20}$$

Wird angenommen, dass keine Kreuzkanaleffekte (f=0), übliche Preiselastizitätswerte (b<0) und ein nichtnegativer Grauimport-Multiplikator (γ>0) vorliegen, entspricht die Ungleichung (2.20):

$$(\tilde{a} + \tilde{\beta}\tilde{s})^2 < \frac{1}{3}(a + (\beta_2 + \beta_4 - \beta_3)s)^2 . \tag{2.21}$$

Da $\tilde{a} + \tilde{\beta}\tilde{s}$, $a + (\beta_2 + \beta_4 - \beta_3)s \geq 0$, ist Ungleichung (2.21) nur erfüllt, wenn gilt:

$$\tilde{a} + \tilde{\beta}\tilde{s} < \frac{1}{\sqrt{3}}[a + (\beta_2 + \beta_4 - \beta_3)s] . \tag{2.22}$$

Somit lassen sich die folgenden hinreichenden Bedingungen für eine profitable „indirekte" Vertriebssystemerweiterung ableiten:

$$a > \sqrt{3}\tilde{a} \qquad \text{(ausreichend großes vertriebssystembedingtes} \tag{2.23}$$
Marktpotentialwachstum),

$$\beta_2 + \beta_4 - \beta_3 > \sqrt{3}\tilde{\beta} \qquad \text{(ausreichend großer Serviceaufwand bzw. ausrei-} \tag{2.24}$$
chend große Servicedifferenzierung),

$$s = \tilde{s} \qquad \text{(konstant bleibende Erwartungen der Konsumenten} \tag{2.25}$$
hinsichtlich Serviceniveau).

Im Falle des Herstellers langlebiger Konsumgüter führt die „direkte" Vertriebssystemerweiterung von einem multiplen indirekten Vertrieb zu einem händlergeprägten Mehrkanalvertrieb zu einem Gewinnanstieg des Herstellers, wenn folgende Ungleichung gilt: π_1 (multipler indirekter Vertrieb) < π_1 (händlergeprägter Mehrkanalvertrieb),

$$\frac{b\gamma(\beta_3 s-\beta_2 s-3a-\beta_4 s+2a)^2}{(2f-b\gamma)(f-b\gamma)24} < \tag{2.26}$$

$$\frac{(3\beta_1 s+\beta_2 s-\beta_3 s+\beta_4 s-4a\theta_1+a)^2}{(f+b\gamma)48} - \frac{(\beta_1 s-4a-\beta_2 s+\beta_3 s-\beta_4 s+3a)^2}{(3f-b\gamma)16} + \frac{(\beta_3 s-\beta_2 s-3a-\beta_4 s+a\theta_1+2a)^2}{(f-b\gamma)24} .$$

Wird angenommen, dass keine Kreuzkanaleffekte (f=0), übliche Preiselastizitätswerte (b<0) und ein nichtnegativer Grauimport-Multiplikator (γ>0) vorliegen, entspricht die Ungleichung (2.26):

$$\frac{1}{24b\gamma}\,[s^2(\beta_2 - \beta_3 + \beta_4)^2 + 2as(\beta_2 - \beta_3 + \beta_4) + a^2] \;<\; \frac{1}{24b\gamma}[s^2\big(6\beta_1^{\,2} + (\beta_2 - \beta_3 + \beta_4)^2\big) + \quad (2.27)$$

$$2as((\beta_2 + \beta_3 - \beta_4) + \theta_1(-6\beta_1 - \beta_2 + \beta_3 - \beta_4)) + a^2\big(7\theta_1^{\,2} - 2\theta_1 + 1\big)].$$

Ungleichung (2.27) kann vereinfacht wie folgt dargestellt werden:

$$0 < 6\beta_1^{\,2}s^2 + 2as\theta_1(-6\beta_1 - \beta_2 + \beta_3 - \beta_4) + a^2\theta_1(7\theta_1 - 2). \tag{2.28}$$

Somit lassen sich die folgenden hinreichenden Bedingungen für eine profitable „direkte" Vertriebssystemerweiterung ableiten:

$a > 0$ (größtmöglicher vertriebssystembedingter Markt-   (2.29)
potentialanstieg),

$-6\beta_1 - \beta_2 + \beta_3 - \beta_4 > 0$ (geringes Serviceniveau im direkten Online-   (2.30)
Vertriebskanal und hohes Serviceniveau im indirekten Online-Vertriebskanal),

$\theta_1(7\theta_1 - 2) > 0$ (geringer Anteil am Marktpotential des neuen   (2.31)
direkten Online-Vertriebskanals).

Durch die Anwendung dieser Vorgehensweise auch auf die übrigen Thesen kann festgehalten werden, dass die Ergebnisse der analytischen Beweisführung einhergehen mit denen der mathematischen Beweisführung. Dies unterstreicht die Eignung des gewählten Ansatzes.

Zweitens wurde auch eine umfangreiche Sensitivitätsanalyse durchgeführt. Dabei erfolgte eine Variation aller Parameter über ein breites Spektrum hinweg, um auf diese Weise die Stabilität der Ergebnisse zu demonstrieren (vgl. z. B. Homburg et al. 2013). Tabelle 2.7 liefert einen Kurzüberblick.

Parameter	Werte	T(1)	T(2)	T(3)	T(4)	T(5)	T(6)
a	reiner indirekter Vertrieb – multipler indirekter Vertrieb – händlergeprägter Mehrkanalvertrieb 1.000 – 1.300 – 1.350 anbietergeprägter Mehrkanalvertrieb – differenzierter Mehrkanalvertrieb I – differenzierter Mehrkanalvertrieb II 1.000 – 1.050 – 1.150	✓	✓	✓	✓	✓	✓
	3.000 – 3.900 – 4.050 3.000 – 3.150 – 3.450	✓	✓	✓	✓	✓	✓
	5.000 – 6.500 – 6.750 5.000 – 5.250 – 5.750	✓	✓	✓	✓	✓	✓
	7.000 – 9.100 – 9.450 7.000 – 7.350 – 8.050	✓	✓	✓	✓	✓	✓
	9.000 – 11.700 – 12.150 9.000 – 9.450 – 10.350	✓	✓	✓	✓	✓	✓
b	1,5	✓	✓	✓	✓	✓	✓
	2	✓	✓	✓	✓	✓	✓
	2,5	✓	✓	✓	✓	✓	✓
	3	✓	✓	✓	✓	✓	✓
	4	✓	✓	✓	✓	✓	✓
β_{1-5}	1 – 2 – 3 – 4 – 5	✓	✓	✓	✓	✓	✓
	5 – 4 – 3 – 2 – 1	✓	✓	✓	✓	✓	✓
	0 – 0 – 0 – 0 – 0	✓	-	✓	✓	-	-
	5 – 5 – 5 – 5 – 5	✓	✓	✓	✓	✓	✓
	20 – 20 – 20 – 20 – 20	✓	✓	✓	✓	✓	✓
f	0	X	✓	✓	-	✓	-
	0,25	✓	✓	✓	✓	✓	✓
	0,50	✓	✓	✓	✓	✓	✓
s_{1-5}	0 – 0 – 0 – 0 – 0	✓	-	✓	✓	-	-
	25 – 25 – 25 – 25 – 25	✓	✓	✓	✓	✓	✓
	50 – 50 – 50 – 50 – 50	✓	✓	✓	✓	✓	✓
	100 – 100 – 100 – 100 – 100	✓	✓	✓	✓	✓	✓
	200 – 200 – 200 – 200 – 200	✓	✓	✓	✓	✓	✓

Parameter	Werte	T(1)	T(2)	T(3)	T(4)	T(5)	T(6)
$\Theta_{1\text{-}5}$	reiner indirekter Vertrieb – multipler indirekter Vertrieb – händlergeprägter Mehrkanalvertrieb $\Theta_2=1 - \Theta_2=0,20, \Theta_3=0,20, \Theta_4=0,40 -$ $\Theta_1=0,10, \Theta_2=0,40, \Theta_3=0,20, \Theta_4=0,30$ anbietergeprägter Mehrkanalvertrieb – differenzierter Mehrkanalvertrieb I – differenzierter Mehrkanalvertrieb II $\Theta_1=0,40, \Theta_2=0,40, \Theta_5=0,20 - \Theta_1=0,30,$ $\Theta_2=0,30, \Theta_3=0,15, \Theta_5=0,25 - \Theta_1=0,30,$ $\Theta_2=0,20, \Theta_3=0,10, \Theta_4=0,20, \Theta_5=0,20$	√	√	√	√	√	√
	$\Theta_2=1 - \Theta_2=0,20, \Theta_3=0,30, \Theta_4=0,50 -$ $\Theta_1=0,15, \Theta_2=0,20, \Theta_3=0,25, \Theta_4=0,40;$ $\Theta_1=0,50, \Theta_2=0,20, \Theta_5=0,30 - \Theta_1=0,40,$ $\Theta_2=0,10, \Theta_3=0,20, \Theta_5=0,30 - \Theta_1=0,30,$ $\Theta_2=0,10, \Theta_3=0,10, \Theta_4=0,30, \Theta_5=0,20$	X	√	√	√	√	√
	$\Theta_2=1 - \Theta_2=0,50, \Theta_3=0,10, \Theta_4=0,40 -$ $\Theta_1=0,10, \Theta_2=0,50, \Theta_3=0,10, \Theta_4=0,30;$ $\Theta_1=0,30, \Theta_2=0,50, \Theta_5=0,20 - \Theta_1=0,25,$ $\Theta_2=0,40, \Theta_3=0,10, \Theta_5=0,25 - \Theta_1=0,20,$ $\Theta_2=0,30, \Theta_3=0,10, \Theta_4=0,20, \Theta_5=0,20$	√	√	√	√	√	√
	$\Theta_2=1 - \Theta_2=0,30, \Theta_3=0,30, \Theta_4=0,40 -$ $\Theta_1=0,10, \Theta_2=0,10, \Theta_3=0,40, \Theta_4=0,40;$ $\Theta_1=0,40, \Theta_2=0,40, \Theta_5=0,20 - \Theta_1=0,30,$ $\Theta_2=0,30, \Theta_3=0,30, \Theta_5=0,10 - \Theta_1=0,30,$ $\Theta_2=0,10, \Theta_3=0,20, \Theta_4=0,20, \Theta_5=0,20$	√	√	√	√	√	√
	$\Theta_2=1 - \Theta_2=0,20, \Theta_3=0,20, \Theta_4=0,60 -$ $\Theta_1=0,20, \Theta_2=0,50, \Theta_3=0,15, \Theta_4=0,15;$ $\Theta_1=0,50, \Theta_2=0,20, \Theta_5=0,30 - \Theta_1=0,40,$ $\Theta_2=0,15, \Theta_3=0,15, \Theta_5=0,30 - \Theta_1=0,40,$ $\Theta_2=0,10, \Theta_3=0,10, \Theta_4=0,10, \Theta_5=0,30$	X	√	√	√	√	√

Hinweise: √ = These (T) trifft vollständig zu (über alle Business Cases/Vertriebssysteme/Koordinationsszenarien hinweg), √ = eine Abweichung, √ = zwei bis vier kleinere Abweichungen, X = mehrere größere Abweichungen, - = nicht möglich zu analysieren.

Tabelle 2.7: Zusammenfassung der Sensitivitätsanalyse

Wie die Sensitivitätsanalyse zeigt, bleiben die Ergebnisse größtenteils robust. Thesen 2 bis 6 können als sehr robust klassifiziert werden, da sie keine oder nur eine Abweichung von der Preis- und Gewinnentwicklung gemäß den formulierten Thesen zeigen. These 1 weist zwei bis vier kleinere Abweichungen über beide Business Cases und alle Vertriebssysteme hinweg auf. In extremen Parameterbereichen treten vereinzelt außergewöhnliche Variationen auf.

These 1 legt dar, dass die gewinnmaximierenden Preise aller Vertriebssystemmitglieder sinken, wenn indirekte Kanäle hinzugefügt werden, aber steigen, wenn direkte Kanäle hinzugefügt werden. Zudem sind Preise in direkten Vertriebskanälen tendenziell niedriger als Preise in indirekten Vertriebskanälen, und Preise in Online-Kanälen tendenziell niedriger als Preise in Offline-Kanälen. Gründe, die dieser These entgegenwirken, können vielfältiger Natur sein: Ein sehr geringes Preiselastizitätsniveau beispielsweise bedingt ein Ansteigen der Preise von Hersteller und Händlern, obwohl indirekte Vertriebskanäle hinzugefügt werden. Ein vertriebssystembedingter Anstieg des Marktpotentials und ein servicebedingter Anstieg der Nachfrage führen zu einem Anstieg der Preise des Herstellers trotz des Hinzufügens eines neuen indirekten Vertriebskanals. Gleichermaßen können direkte (Online-)Preise höher sein als indirekte (Offline-)Preise, wenn Händler (Offline-Kanäle) einen sehr geringen Anteil am Marktpotential und/oder geringe Serviceniveaus aufweisen.

Die dargestellte Kombination aus der Analyse eines vereinfachten analytischen Modells und einer umfangreichen Sensitivitätsanalyse wurde vielfach in früheren Studien angewandt, die ebenfalls mit einem Mangel an geschlossenen Lösungen konfrontiert waren (vgl. z. B. Kopalle/Lehmann 2015). Zudem werden unterschiedliche Modellierungsansätze verglichen, da diese zu unterschiedlichen Implikationen hinsichtlich Vertriebssystemgestaltung und -koordination führen könnten. Der Ansatz dieser Studie basiert insbesondere auf Dan/Xu/Liu (2012) und Raju/Roy (2000), die Kreuzkanaleffekte als das Produkt der Kreuzpreiselastizität und dem Preis des Wettbewerber-Kanals definieren:

$$\theta a - b_1 p_1 + f_1 p_2, \tag{2.32}$$

$$(1 - \theta)a - b_2 p_2 + f_2 p_1. \tag{2.33}$$

Dagegen definieren Tsay/Agrawal (2000) oder Yan (2011) Kreuzkanaleffekte als das Produkt der Kreuzpreiselastizität und der absoluten Preisdifferenz zwischen den Vertriebskanälen:

$$\theta a - b_1 p_1 + f_1 (p_2 - p_1), \tag{2.34}$$

$$(1 - \theta)a - b_2 p_2 + f_2 (p_1 - p_2). \tag{2.35}$$

Die Anwendung dieses alternativen Modellierungsansatzes führt dazu, dass die formulierte Markendifferenzierungsthese zum Teil widerlegt wird: Klammert man Servicedifferenzierungseffekte aus, nehmen mit einem steigenden Grad der Markendifferenzierung die Gewinne des Offline-Händlers und des Mehrkanalhändlers zu (vgl. Abbildung 2.3A). Im Gegensatz dazu nehmen bei dem Modellierungsansatz dieser Studie mit einem steigenden Grad der Markendifferenzierung die Gewinne aller Vertriebssystemmitglieder ab (vgl. Abbildung 2.3B).

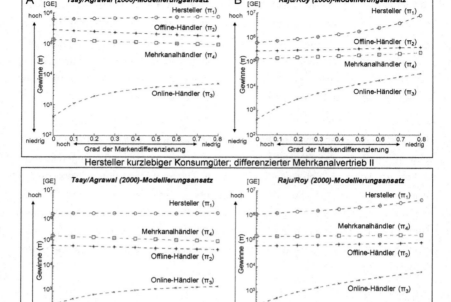

Abbildung 2.3: *Modellierungsansätze im Vergleich*

2.6 Diskussion der Ergebnisse

2.6.1 *Implikationen für die Forschung*

Das übergeordnete Ziel dieser Studie war es, eine integrierte Analyse von Aspekten der Vertriebssystemgestaltung und der Vertriebssystemkoordination in differenzierten Mehrkanalsystemen durchzuführen. Dies ist wichtig, da Hersteller und Händler auf eine zunehmende Anzahl an Vertriebskanälen setzen (vgl. z. B. Ansari/Mela/Neslin 2008; Geyskens/Gielens/Dekimpe 2002; Overby/Jap 2009; Verhoef/Neslin/Vroomen 2007).

Im Unterschied zur bestehenden Vertriebsliteratur stützt sich diese Studie auf einen allgemeineren analytischen Ansatz. Dieser integriert theoretische Modellierung sowie eine empirische Anwendung basierend auf den Daten zweier Unternehmen aus unterschiedlichen Branchen. Hinsichtlich Methodik erfasst die Kombination aus einem

Stackelberg-Preiswettbewerb mit dem Hersteller in der Führerfunktion und oligopolistischen Händlern als Folger in einem Nash-Wettbewerb die Komplexität differenzierter Mehrkanalsysteme, wie sie zunehmend in der Praxis existieren. Zentrale erklärende Parameter sind das Marktpotentialwachstum, das vom gewählten Vertriebssystem abhängt, der Anteil eines Vertriebskanals am Marktpotential, Preiselastizitäten, Kreuzkanaleffekte und vertriebskanalspezifische Serviceniveaus, die unter dem Dach der Kanaleigenschafften subsumiert werden können (vgl. Avery et al. 2012).

Die vorliegende Studie hatte insbesondere drei Ziele: (1) den Effekt der Gestaltung differenzierter Vertriebssysteme auf die Preise und Gewinne von Herstellern und Händlern zu bewerten, (2) das optimale Vertriebssystem für Hersteller und Händler zu identifizieren und (3) die Effekte zentraler Koordinationsmechanismen auf die Preise und Gewinne von Vertriebssystemmitgliedern sowie deren Interaktionen zu zeigen.

Zunächst wurden Leitlinien für ein effektives Management differenzierter Vertriebssysteme aufgestellt und dabei die Forschungslücke hinsichtlich der Preissetzung von Hersteller und Händlern gefüllt, wenn neue Vertriebskanäle hinzugefügt werden (vgl. Lee et al. 2013). Basierend auf der Idee bestimmter Kanaleigenschaften kann gezeigt werden, dass das Niveau gewinnmaximierender Preise aller Vertriebssystemmitglieder tendenziell sinkt, wenn indirekte Vertriebskanäle hinzugefügt werden, aber tendenziell steigt, wenn direkte Vertriebskanäle hinzugefügt werden. Optimale Preise in direkten Kanälen sind, anders als ursprünglich vermutet, tendenziell niedriger als die Preise in indirekten Kanälen. Zudem sind optimale Online-Preise tendenziell niedriger als Offline-Preise.

Zweitens verdeutlichen die Ergebnisse, dass das passende differenzierte Mehrkanalsystem entscheidend für die Profitabilität von Hersteller und Händlern ist. Wie in den Business Cases gezeigt wurde, kann sich durch das Hinzufügen direkter Kanäle das gesamte Preisniveau und damit einhergehend die Gewinne des Herstellers im Vergleich zu der momentanen Gewinnsituation um 28 % erhöhen. Ein weiteres kontraintuitives Ergebnis ist, dass die Gewinne eines Offline-Händlers deutlich, in den vorliegenden Business Cases um bis zu 46 %, steigen können, wenn ein Online-Händler mit „unterlegenen" Kanaleigenschaften hinzugefügt wird. Unterlegene Kanaleigenschaften umfassen mitunter ein geringes Serviceniveau oder aber eine geringe Präferenz der Konsumenten, in diesem Kanal einkaufen zu wollen. Dies trifft zu, obwohl das Preisniveau des Offline-Händlers deutlich absinkt. Insofern wird gezeigt, dass Empfehlungen hinsichtlich Vertriebssystemgestaltung für Hersteller und Händler nicht eindeutig sind. Empfehlungen sind eng verknüpft mit Vertriebssystemkoordinationsaspekten und abhängig von verschiedenen Marktpotential-, Serviceniveau- und Elastizitätsparametern. Hierbei wird veranschaulicht, dass das vertriebssystembedingte Marktpotentialwachstum über gewissen Schwellenwerten, Servicedifferenzierung oder der Anteil eines neuen Vertriebskanals am Marktpotential wichtige Faktoren einer profitablen Vertriebskanalexpansion sind. Insbesondere werden die Ergebnisse der Studien von Cattani et al. (2006), Dan/Xu/Liu (2012) und Dumrongsiri et al. (2008) bestätigt, die auf der Analyse einfacherer Vertriebssysteme basieren.

Zudem liefert der gewählte Ansatz relevante Schwellenwerte, beispielsweise für das Marktpotentialwachstum, das für eine profitable Vertriebskanalexpansion nötig ist. Dabei wird ein signifikanter Einfluss des durch den Vertriebskanal verursachten Marktpotentialwachstums auf Preise und Gewinne gezeigt. Insbesondere letztere steigen tendenziell überproportional mit zunehmendem Marktpotential an. Insofern kann die Annahme von Yoo/Lee (2011) bestätigt werden. Diese gehen davon aus, dass das durch den Vertriebskanal verursachte Marktpotentialwachstum zu einem Anstieg der Absatzmenge, der Einzelhandelspreise sowie der Hersteller- und Gesamtgewinne führt. Folglich sollte das durch den Vertriebskanal verursachte Marktpotentialwachstum in strategischen Vertriebssystementscheidungen berücksichtigt werden.

Drittens zeigen die Analysen dieser Studie, dass die positiven Effekte der Servicedifferenzierung in Form von höheren Preisen und Gewinnen die negativen Aspekte der Markendifferenzierung zwischen Kanälen überwiegen bzw. abfedern können.

Zusammenfassend ist der dargestellte Ansatz ein erster Schritt, um Aspekte der Vertriebssystemkoordination gemeinsam mit denen der Vertriebssystemgestaltung differenzierter Mehrkanalsysteme zu analysieren. Anhand der Analyse zweier realer Business Cases werden die Ergebnisse früherer Studien, die auf einfacheren Vertriebssystemen basieren, erweitert, bestätigt und in gewissem Maße widerlegt. Diesbezüglich werden sechs Vertriebssystemgestaltungs- und Vertriebssystemkoordinationsthesen formuliert (vgl. Tabelle 2.6). Vier von sechs Thesen beziehen sich dabei auf vorangegangene Arbeiten. So stimmen die Ergebnisse dieser Studie beispielsweise mit den Ergebnissen von Choi (1991) überein, widerlegen allerdings gleichzeitig die Ergebnisse von Yan (2011), indem sie negative Effekte der Markendifferenzierung auf Preise und Gewinne von Hersteller und Händlern in differenzierten Mehrkanalsystemen zeigen. Die zukünftige Forschung kann das Verständnis dieses Phänomens verbessern, indem sie empirisch die Effekte des Markendifferenzierungsgrads auf Preise und Gewinne von Hersteller und Händlern testet. Darüber hinaus werden zwei neue Thesen abgeleitet und validiert. So werden beispielsweise Implikationen für die Preissetzung aller Vertriebssystemmitglieder in differenzierten Vertriebssystemen geliefert, wenn neue Kanäle hinzugefügt werden. Eine weitere empirische Validierung dieser Preisimplikationen bietet Raum für zukünftige Studien. Des Weiteren zeigen die Ergebnisse, dass die Berücksichtigung von vertriebssystembedingtem Marktpotentialwachstum und von unterschiedlichen Modellierungsansätzen in unterschiedlichen Implikationen hinsichtlich der Vertriebssystemgestaltung und -koordination resultieren kann. Damit soll die Forschung ermutigt werden, sich mit diesen Aspekten tiefergehend auseinanderzusetzen. Schließlich leisten die formulierten Thesen, die sich explizit auf differenzierte Mehrkanalsysteme beziehen, einen Beitrag zur Vertriebsliteratur und stellen die Grundlage für weitere analytische und empirische Analysen dar.

2.6.2 Implikationen für die Unternehmenspraxis

Die erste praktische Implikation dieser Studie ist, dass sowohl Hersteller als auch Händler neue Vertriebskanäle nur dosiert hinzufügen sollten. Trotz tendenziell steigenden Gewinne zieht die Hinzunahme neuer Vertriebskanäle nicht automatisch höhere Gewinne nach sich. Entscheidungen bezüglich der Gestaltung des Vertriebssystems gehören zu den wichtigsten Marketingentscheidungen von Unternehmen (vgl. Chu/Chintagunta/Vilcassim 2007). Dementsprechend wird (anderes) strategisches Denken benötigt (vgl. Yoo/Lee 2011). Insofern ist eine integrierte Analyse der Vertriebssystemgestaltung mit der Vertriebssystemkoordination notwendig. Der gewählte Ansatz bietet hierbei Vertriebsmanagern eine Möglichkeit, verschiedene Vertriebssystemgestaltungsoptionen und Koordinationsmöglichkeiten zu simulieren, bevor sie tatsächlich implementiert werden. In dieser Hinsicht integriert das entwickelte Modell wesentliche Vertriebskanaleigenschaften (z. B. unterschiedliche Serviceniveaus), die eine zentrale Rolle beim Management von Vertriebskanälen spielen. Die

Kalibrierung des Modells mit entsprechenden Firmen- und Branchendaten ermöglicht es Vertriebsmanagern, unterschiedliche Mehrkanalstrategien zu evaluieren.

Zweitens sollten Firmen, die eine Erweiterung des Vertriebssystems anstreben, sich auf das durch den Vertriebskanal verursachte Marktpotentialwachstum, den Marktpotentialanteil eines neuen Vertriebskanals, Preiselastizitäten und Servicedifferenzierung anstatt auf Markendifferenzierung fokussieren.

Drittens gibt es, trotz tendenziell niedrigerer Preise in Online-Kanälen im Vergleich zu Offline-Kanälen (vgl. Wolk/Ebling 2010), kaum empirische Belege, dass dieses Verfahren die Gewinne von Herstellern und Händlern tatsächlich maximiert (vgl. Neslin et al. 2006). Bevor Firmen sich automatisch für niedrigere Online-Preise entscheiden, sollten sie die Präferenzen ihrer Konsumenten und die Serviceniveaus in ihren Vertriebskanälen evaluieren. So können Online-Preise unter dem Niveau der Offline-Preise zu sinkenden Gewinnen führen. Zudem kann, unter bestimmten Bedingungen, ein strategischer Preispunkt eines direkten Vertriebskanals unter den Preisen indirekter Kanäle zu einem Anstieg der Herstellergewinne und, entgegen der Erwartungen, auch der Händlergewinne führen. Insgesamt zeigen die Ergebnisse, dass Unternehmen bessergestellt sind, wenn sie Preise und Services zwischen Vertriebskanälen differenzieren.

Schließlich sollten Firmen Aspekte der Vertriebssystemgestaltung und der Vertriebssystemkoordination in Verbindung miteinander analysieren. Diese Studie zeigt, dass die Serviceniveauentscheidung eines Offline-Händlers (Vertriebssystemkoordination) einen Einfluss auf die Entscheidung eines Herstellers, einen eigenen Online-Shop zu eröffnen (Vertriebssystemgestaltung), oder den Grad der Markendifferenzierung zwischen Kanälen zu verringern (Vertriebssystemkoordination), haben kann. Dies wiederum beeinflusst den Marktpotentialparameter und optimale Preisentscheidungen in Bezug auf direkte und indirekte, Offline- und Online-Kanäle (Vertriebssystemkoordination).

2.6.3 Limitationen und Anknüpfungspunkte zukünftiger Forschungsarbeiten

Neben diesen Beiträgen hat die vorliegende Studie auch Limitationen, die Ansatzpunkte für zukünftige Forschung bieten. Eine erste Limitation besteht in der Annahme idealisierter Marktbedingungen, um die Modellierbarkeit und analytische Steuerbarkeit zu gewährleisten (vgl. Yan 2011). Die Berücksichtigung von Wettbewerb zwischen Herstellern, einer allgemeineren Nachfragefunktion, asymmetrischen Preis-

und Kreuzpreiselastizitäten oder Händlern als Stackelberg-Führer könnte zu weiteren Erkenntnissen führen. Darüber hinaus könnte das gewählte Modell erweitert werden, indem Produktionskosten, das Problem der Diskrepanz zwischen Angebot und Nachfrage sowie die resultierenden Kosten von zu großen und zu geringen Lagerbeständen berücksichtigt werden (vgl. Bernstein/Federgruen 2005). Eine weitere Möglichkeit für zukünftige Forschung ist die Verwendung eines komplexeren Modells, um die Vertriebskanalwahl der Konsumenten zu modellieren (vgl. Gensler/Verhoef/Böhm 2012).

Außerdem hat die Analyse von Ein-Perioden-Spielen gewisse Limitationen. Insbesondere können keine Strategieimplikationen für dynamische Umgebungen abgeleitet werden (vgl. dazu Kapitel 3). Wie in dieser und zahlreichen weiteren Studien veranschaulicht, ist die Analyse trotzdem gut geeignet, um Einsichten in grundlegendes ökonomisches Verhalten zu generieren, indem generelle strategische Entscheidungsoptionen analysiert werden (vgl. Tsay/Agrawal 2000).

Zudem berücksichtigt das gewählte Modell keine spezifischen Restriktionen der Preissetzung (z. B. hinsichtlich Preisdifferenzen zwischen Kanälen). Rechtliche Bestimmungen in verschiedenen Ländern (z. B. der Robinson-Patman Act in den USA) könnten die Preisdifferenzierung zwischen Vertriebskanälen verhindern. Zudem könnten Konsumenten eine Preisdifferenzierungsstrategie als verwirrend und unfair wahrnehmen (vgl. Neslin et al. 2006). Insofern könnten Hersteller und Händler zu den gleichen Einzelhandelspreisen in Online- und Offline-Vertriebskanälen gezwungen werden (vgl. Hsiao/Chen 2014).

Auch fokussiert sich diese Studie auf Implikationen für die Gestaltung und Koordination differenzierter Mehrkanalsysteme aus Sicht von Herstellern. Dementsprechend setzte diese Studie auf eine Kooperation mit zwei Firmen, die entsprechende Daten lieferten. Denkbar wäre jedoch auch eine Adaption des Modells für Händler.

3 Gewinnmaximierende Preisentscheidungen: Manager vs. Modell

3.1 Einleitung

Entscheidungen von Vertriebsmanagern sind komplex, da diese immer differenziertere und dynamischere Mehrkanalvertriebssysteme einbeziehen müssen (vgl. z. B. Verhoef/Kannan/Inman 2015; Vinhas/Heide 2014). Dazu gehört es, die verschiedenen Vertriebskanäle zu koordinieren, insbesondere im Hinblick auf den Herstellerabgabe- und den Einzelhandelspreis (vgl. Cai 2010; Dumrongsiri et al. 2008; Yoo/Lee 2011 sowie Kapitel 2). Dabei setzen Unternehmen verstärkt auf dynamische bzw. flexible Preistaktiken in Form von unterschiedlichen Preisen pro Vertriebskanal, Produkt, Konsument und Zeitpunkt. Dies lässt sich auf eine erhöhte Verfügbarkeit von Daten, Preisalgorithmen und einfache Änderungsmöglichkeiten der Preise, insbesondere online, zurückführen (vgl. Bichler et al. 2002; Elmaghraby/Keskinocak 2003; Kopalle et al. 2009; Oh/Lucas 2006; Weisstein/Monroe/Kukar-Kinney 2013). Dass Vertriebsmanager in immer dynamischeren Umgebungen agieren und sich hohen Nachfrageschwankungen ausgesetzt sehen (vgl. Littleson 2008), erschwert die Preissetzung.

Aufgrund dieser Komplexität ist es für Vertriebsmanager schwer, alle möglichen Preisgestaltungsoptionen und ihren Einfluss auf die Gewinnsituation des Unternehmens zu evaluieren, wenn sie nicht auf Entscheidungsunterstützungssysteme (Decision Support Systems/DSS) zurückgreifen. Dazu kommt, dass Preisentscheidungen, die auf mentalen Modellen basieren, anfällig für systematische Urteilsverzerrungen/„Biases", oder Phänomene wie Kurzsichtigkeit/Myopie sind, und folglich von der gewinnmaximierenden (theoretisch optimalen) Lösung abweichen können (vgl. Griffith/Rust 1997; Mizik 2010; Montgomery/Moore/Urbany 2005). So hat beispielsweise die Unterschätzung globaler Nachfragedynamiken dazu geführt, dass Apple den Mac Mini in Taiwan mit einem Preisrabatt in Höhe von 66 % anbot, was zu Verlusten von rund 200 Millionen US-Dollar führte (vgl. Atenga 2016).

Um Probleme dieser Art zu minimieren, betont die bisherige Forschung die Notwendigkeit einer breiteren Verwendung von Entscheidungsunterstützungssystemen in der Praxis (vgl. Power/Sharda 2007). Entscheidungsunterstützungssysteme ermöglichen es Managern, mehr Entscheidungsoptionen einzubeziehen, den Einfluss verschiedener Entscheidungsvariablen festzustellen, Gruppenentscheidungen zu erleichtern und die mentalen Modelle von Managern zu berichtigen (vgl. Lilien 2011).

Aktuell werden insbesondere Entscheidungsunterstützungssysteme benötigt, die Managern dabei helfen, ihre Preisentscheidungen in dynamischen Mehrkanalvertriebssystemen zu optimieren (vgl. Agatz/Fleischmann/van Nunen 2008; Huang/Swaminathan 2009).

Diese Studie an der „Marketing Operations"-Schnittstelle hat zwei zentrale Ziele: Erstens entwickelt und bewertet sie ein Entscheidungsunterstützungssystem, das auf einem analytischen Modell basiert und zur Optimierung von Preisentscheidungen in komplexen und dynamischen Vertriebssystemen dient. Zweitens vergleicht sie die Vorhersagen des Entscheidungsunterstützungssystems mit den Urteilen von Managern. In dieser Hinsicht werden Hypothesen bezüglich systematischer Abweichungen zwischen diesen beiden formuliert und überprüft sowie Gründe für diese Abweichungen untersucht.

Zunächst wird ein quadratisches Optimierungsmodell entwickelt, das Mehrkanal-, Mehrprodukt-, und „Mehrkonsumenten"-Umgebungen im Zeitverlauf erfasst, und das es Vertriebsmanagern ermöglicht, die gewinnmaximierenden Preise pro Vertriebskanal, pro Produkt, pro Konsumentensegment und pro Periode zu setzen. Mit dieser Methodik können auch komplexe Umgebungen (mit diversen Vertriebskanälen, Produkten, Konsumentensegmenten) sowie Nachfrageschwankungen im Zeitverlauf einbezogen, und folglich die optimalen Preise auf einer Mikroebene bestimmt werden. Die Eignung des Modells wird unter Verwendung von Prognosedaten eines Herstellers langlebiger Konsumgüter für zwölf Monate getestet. Vertriebsmanager, die das Entscheidungsunterstützungssystem nutzen, können Nachfragedynamiken, Kreuzkanaleffekte und die optimalen Zeitpunkte für Anpassungen der Einzelhandelspreise modellieren. Dazu ist es möglich, die optimalen Produktionsmengen und Lagerbestände des Herstellers zu bestimmen.

Zweitens werden die Prognosen des Entscheidungsunterstützungssystems mit den Urteilen von Managern verglichen. Dies ist insbesondere wichtig, da die Rolle von verhaltenswissenschaftlichen Aspekten bei dynamischen Preisentscheidungen noch wenig Beachtung fand (vgl. Chen/Chen 2015). Es werden Hypothesen entwickelt, die auf früheren Studien zum Entscheidungsverhalten von Managern mit Fokus auf die Preissetzung basieren (vgl. z. B. Che/Sudhir/Seetharaman 2007; Colombo/Labrecciosa 2012; Martín-Herrán/Taboubi/Zaccour 2012). Die formulierten Hypothesen prognostizieren mögliche systematische Abweichungen zwischen den Preisentscheidungen von Managern und den modellbasierten Preisentscheidungen und legen dar, unter welchen Bedingungen diese Abweichungen wahrscheinlicher sind. Überprüft werden die Hypothesen in zwei Experimenten mit 175 Studierenden der Wirtschaftswissenschaften und 350 Marketing- und Vertriebsmanagern.

Die Ergebnisse zeigen, dass 85 % der Studenten und 78 % der Manager von den gewinnmaximierenden Preisen abweichen. Mit zunehmender Komplexität der Marktbedingungen nehmen die Abweichungen von den Modellprognosen zu. Insbesondere zeigen die Ergebnisse, dass Manager dazu tendieren, (1) zu niedrige Preise im Vergleich zu den optimalen Preisen zu setzen, (2) die Preise nicht ausreichend an Nachfragedynamiken anzupassen und (3) in Offline-Vertriebskanälen höhere Preise zu setzen als in Online-Vertriebskanälen (Offline-Preispremium). Dabei werden die Kurzsichtigkeit von Managern, ihre Risikoaversion und eine Selbstüberschätzung ihrer Kompetenz als mögliche Faktoren für eine Abweichung vom Modelloptimum identifiziert. Dazu zeigen die Ergebnisse, dass die Preisentscheidungen von Managern im Vergleich zu denen von Studenten näher am Modelloptimum sind. Gründe hierfür sind eine geringer ausgeprägte Kurzsichtigkeit und eine niedrigere Tendenz zu einem Offline-Preispremium, also zu höheren Preisen in Offline-Kanälen.

Insgesamt trägt diese Studie zur Literatur im Bereich Vertriebssystemkoordination bei, indem ein Entscheidungsunterstützungssystem für komplexe und dynamische Vertriebsumgebungen entwickelt wird. Sie trägt ebenfalls zu einem besseren Verständnis der dynamischen Preissetzung bei, indem systematische Urteils- und Entscheidungsverzerrungen aufgedeckt werden. Das entwickelte Entscheidungsunterstützungssystem kann Managern dabei helfen, systematische „Biases" (zu niedrige Preise, fehlende Anpassung der Preise an Nachfragedynamiken, Offline-Preispremium) zu reduzieren, was zu höheren Gewinnen in komplexen und dynamischen Vertriebsumgebungen führen sollte.

3.2 Konzeptioneller Hintergrund und Hypothesen

Frühere Studien adressieren die Preissetzung in komplexen und dynamischen Vertriebsumgebungen und die damit verbundenen Phänomene überwiegend aus drei separaten Blickwinkeln. Der erste Forschungsstrang adressiert Mehrkanalkoordination im Allgemeinen, überwiegend in statischen Vertriebsumgebungen. Der zweite Forschungsstrang adressiert Aspekte der dynamischen Preissetzung in eher einfachen Vertriebsumgebungen. Der dritte Forschungsstrang adressiert das Entscheidungsverhalten von Managern, kurzsichtiges Management sowie Urteils- und Entscheidungsverzerrungen, berücksichtigt dabei aber nur selten Preissetzungs- bzw. insbesondere dynamische Preissetzungsaspekte.

3.2.1 Mehrkanalkoordination

Vertriebssystemkoordination ist definiert als die gewinnmaximierende Konfiguration der den Herstellern und Händlern zur Verfügung stehenden Entscheidungsvariablen (vgl. Cattani et al. 2006). Wenn Vertriebskanäle untereinander nicht koordiniert sind, kann dies zu Intrabrand-Wettbewerb und zu einem niedrigeren Kooperationsniveau zwischen Vertriebssystemmitgliedern führen, was wiederum Kanalkonflikte erhöht und die Leistung des gesamten Vertriebssystems reduziert (vgl. Vinhas/Anderson 2005; Yan 2008). Dementsprechend müssen Hersteller und Händler effektive Strategien zur Mehrkanalkoordination entwickeln, um die Gewinne für alle Beteiligten zu erhöhen (vgl. Ganesan et al. 2009; Venkatesan/Kumar/Ravishanker 2007). Neben Kapitel 2 dieser Arbeit bieten unter anderen Cachon (2003), Cachon/Lariviere (2005) und Iyer (1998) ein breites Spektrum an effektiven Mechanismen zur Vertriebskanalkoordination, wie beispielsweise Umsatzbeteiligung zwischen Vertriebssystempartnern oder Mengenrabatte für Händler.

Zur Optimierung der Vertriebskanalkoordination formulieren Nachiappan/Jawahar (2007) ein nichtlineares ganzzahliges Optimierungsproblem. Sie schlagen dazu eine Heuristik vor, die auf einem genetischen Algorithmus basiert und es erlaubt, die optimale Absatzmenge und den optimalen Verkaufspreis pro Abnehmer zu bestimmen. Absatzmenge und Verkaufspreis bedingen schließlich den Gewinn des Vertriebssystems, aber auch den Herstellerabgabepreis zwischen dem Verkäufer und jedem Abnehmer, der auf der jeweiligen Verhandlungsmacht („Revenue Sharing Ratio") basiert. Cattani et al. (2006) analysiert Preiskoordinationsaspekte in Situationen, in denen ein Hersteller einen direkten Online-Vertriebskanal eröffnet. Huang/Swaminathan (2009) untersuchen vier Preissetzungsstrategien, die sich im Grad der Autonomie des Online-Vertriebskanals unterscheiden, wenn ein Produkt sowohl online als auch offline vertrieben wird. Dabei nehmen sie eine deterministische Nachfrage an, die auf den gewählten Preisen, dem Grad der Substituierbarkeit zwischen den Vertriebskanälen und dem gesamten Marktpotential basiert.

Allerdings fokussieren sich die bestehenden Studien zur Mehrkanalkoordination hauptsächlich auf relativ einfache und statische Vertriebsumgebungen. Insofern stellen Kopalle et al. (2009) und Zhang et al. (2010) fest, dass ein Bedarf an Entscheidungsunterstützungssystemen besteht, die es ermöglichen, ganzheitlich die Aspekte der Preissetzung, Verkaufsförderung und Lagerbestandsplanung über verschiedene Vertriebskanäle und Zeitperioden hinweg zu optimieren. Nur so könne die in der Praxis vorliegende Komplexität erfasst werden.

3.2.2 Dynamisches Preismanagement

Dynamische Preissetzung ist definiert als eine Preisvariation pro Vertriebskanal, Produkt, Konsument und Zeitpunkt (vgl. Kambil/Agrawal 2001). Die Verfügbarkeit von spezifischen Daten auf Konsumentenebene und die Fortschritte im Bereich Datenanalytik erlauben es, individuelle Preise auf Kunden(segment)ebene im Zeitverlauf zu implementieren. Diese segmentspezifische Preissetzung ermöglicht es sowohl Herstellern als auch Händlern, ihre Profitabilität zu erhöhen (vgl. Agatz/Fleischmann/van Nunen 2008; Chen/Chen 2015). Da verschiedene Vertriebskanäle mit unterschiedlichen Nachfragemustern für dasselbe Produkt im Zeitverlauf konfrontiert sein können und die Preise in einem Vertriebskanal die Nachfrage in anderen Vertriebskanälen beeinflussen, sollten Preisentscheidungen mehrere Vertriebskanäle und Zeitperioden einbeziehen (vgl. Elmaghraby/Keskinocak 2003; Kopalle et al. 2009).

Unter Annahme einer deterministischen Nachfrage betrachten Biller et al. (2005) das Problem eines Herstellers, die optimalen Preise und das optimale Produktionsniveau im Zeitverlauf zu bestimmen. Dabei berücksichtigen sie Muster saisonaler Nachfrage und analysieren die daraus resultierende Varianz bei Preisen, Absatz und Gewinn. Die Ergebnisse bestätigen, dass Unternehmen mit dynamischer Preissetzung Absatzschwankungen signifikant reduzieren können. Silva-Risso/Bucklin/Morrison (1999) betrachten verschiedene Eigenschaften von Konsumenten und entwickeln ein auf nichtlinearer ganzzahliger Optimierung basierendes Entscheidungsunterstützungssystem für Verkaufsförderungstaktiken von Herstellern. Die Ergebnisse zeigen, dass es selbst im Falle geringer „Pass-Through"-Raten (d. h. eine Veränderung im Herstellerabgabepreis beeinflusst die Einzelhandelspreise nur marginal) für den Hersteller lohnenswert ist, Preisnachlässe zu gewähren. Mantrala/Rao (2001) entwickeln ein stochastisch-dynamisches Optimierungsmodell für einen Modehändler, um optimale Bestellmengen und Preisabschläge zu bestimmen. Zhang/Netzer/Ansari (2014) analysieren, wie ein Verkäufer optimale (zielgenaue) intertemporale Preissetzungsstrategien entwickeln kann, um seine Gewinne zu maximieren. Dabei gehen sie noch einen Schritt weiter als frühere Studien, indem sie den Einfluss von Preisentscheidungen auf die kurzfristige Gewinnmarge, die Bildung von Referenzpreisen bei Konsumenten und die langfristigen Beziehungen zwischen einem Verkäufer und seinen Abnehmern berücksichtigen. Die Ergebnisse der Autoren zeigen, dass eine optimale (zielgerichtete) dynamische Preisstrategie die Profitabilität des Verkäufers um 52 % steigern kann. Natter et al. (2007) beschreiben ein Entscheidungsunterstützungssystem zur dynamischen Preissetzung und Planung von Verkaufsförderungsaktionen in der Baumarktbranche, mit dem die Bruttogewinne eines Händlers um 8,1 % und die Umsätze um 2,1 % gesteigert werden können. Caro/Gallien (2012) stellen ebenfalls eine umfangreiche Anwendung für einen Mehrprodukthändler dar, allerdings im Kontext des Modehandels und mit einem Fokus auf Preisabschlagsoptimierung. Das gemischt-ganzzahlige Optimierungsmodell wird periodisch gelöst und Nachfrageschätzungen werden dementsprechend aktualisiert. Dadurch können die Erlöse aus dem Abverkauf um rund 6 % gesteigert werden.

Insgesamt wurde die dynamische Preissetzung bereits in verschiedensten Kontexten untersucht. Trotzdem gibt es nach wie vor einen Bedarf an Studien, die die dynamische Preissetzung in komplexen Vertriebssystemen erfassen (vgl. Agatz/Fleischmann/van Nunen 2008; Huang/Swaminathan 2009) und zugleich den Bezug zum Entscheidungsverhalten von Managern herstellen (vgl. Chen/Chen 2015).

3.2.3 *Kurzsichtiges Management und systematische Urteilsverzerrungen*

Die „richtigen" Preisentscheidungen zu treffen ist in komplexen und dynamischen Vertriebsumgebungen zusehends schwieriger (vgl. Montgomery/Moore/Urbany 2005). Die Vielzahl an Optionen, denen Entscheider gegenüberstehen, steht im Konflikt mit ihrer eingeschränkten Rationalität (vgl. Simon 1982). Dementsprechend stützt sich das Entscheidungsverhalten von Managern häufig auf Intuition, Erfahrung und mentale Modellen (vgl. Lilien 2011; Salas/Rosen/DiazGranados 2010).

In der frühen Studie von Monroe/Della Bitta (1978) wird der Zustand von Preisentscheidungen in der Praxis als überwiegend von Intuition getrieben beschrieben. Das heißt, Entscheider bewerten subjektiv die zur Verfügung stehenden Informationen und entscheiden primär instinktiv. Die Ergebnisse einer kürzlich erschienenen Befragung von Managern zeigen in dieselbe Richtung, da Preisentscheidungen überwiegend von Wettbewerbspreisen und unabhängig von zum Beispiel der relativen Produktqualität getrieben sind (vgl. Rusetski 2014). So finden Caro/Gallien (2012) bei einem führenden Modehändler eine Situation vor, bei der die Preismanager eher auf den Meinungsaustausch mit Kollegen und ihre Erfahrung vertrauen als auf explizite Richtlinien oder die Vorhersagen eines Optimierungsmodells. Auch die Ergebnisse der CMO-Befragung von Moorman (2016) zeigen, dass nur 6,5 % des Marketing-budgets von Unternehmen für Marketing-Analysetools ausgegeben werden, und dass nur jedes vierte Unternehmen Marketing-Analysetools bei Preisentscheidungen einsetzt. Dieses Verhalten kann allerdings zu einer Bandbreite an systematischen Urteils- und Entscheidungsverzerrungen führen (vgl. Lilien 2011 sowie z. B. Tversky/Kahneman 1974).

3.2.4 *Hypothesen*

Nachfolgend werden Hypothesen über vermutete Abweichungen zwischen Mehrkanal-Preisentscheidungen von Managern und den Vorhersagen eines Entscheidungsunterstützungssystems entwickelt. Dazu erfolgt zunächst eine Erörterung, warum Vertriebsmanager systematisch von gewinnmaximierenden Preisen in verschiedenen Vertriebskanälen abweichen. Die Gründe hierfür gehen auf deren Kurzsichtigkeit, Risikoaversion und die Fehlinterpretation von Kreuzkanaleffekten zurück.

Erstens beschreibt Kurzsichtigkeit (Myopie) das Phänomen, dass Manager sich auf kurzfristige Ziele fokussieren und Strategien bevorzugen, die zu unmittelbaren Auszahlungen führen (vgl. Jacobsen/Aaker 1993). In einer Umfrage von Graham/Harvey/Rajgopal (2005) bevorzugten 78 % der Manager die Erfüllung kurzfristiger Ziele auf Kosten einer langfristigen Wertschaffung. Kurzsichtiges (myopisches) Management zum Zweck der kurzfristigen Zielerreichung beeinflusst jedoch die Gewinne auf lange Sicht negativ (vgl. Mizik 2010).

Che/Sudhir/Seetharaman (2007) zeigen, dass Unternehmen dazu tendieren, nur sehr kurzfristige (ein-Perioden-)Zeithorizonte zu betrachten, wenn sie Preise setzen. Deshalb agieren sie auch begrenzt rational, wenn es um dynamisches Preismanagement geht. In dieser Hinsicht untersuchen Martín-Herrán/Taboubi/Zaccour (2012) den Einfluss der Kurzsichtigkeit eines Händlers auf die Preisstrategien und Auszahlungen für die Vertriebssystemmitglieder in einem einfacheren (zwei-Spieler-)Design. Die Ergebnisse zeigen, dass ein myopischer Händler zu einem niedrigeren Preisniveau verkauft als ein nicht-myopischer, was zu niedrigeren Gewinnen führt.

Zweitens sollte die Risikoaversion eines Managers ebenfalls zu niedrigeren Preisen im Vergleich zu den optimalen Preisniveaus führen. Risikoaversion ist bei Managern weitverbreitet (vgl. Stewart/Roth 2001). Preisentscheidungen sind besonders risikobehaftet (vgl. z. B. Hunt/Forman 2006). Im Kontext dieser Untersuchung müssen Manager Preise für ein Produkt in mehreren Vertriebskanälen im Zeitverlauf setzen. Durch das Setzen höherer Preise steigt die Gewinnmarge, aber auch das Risiko, dass die Preise den Reservationspreis der Konsumenten sowie die Preise von Wettbewerbern in dem gleichen oder in anderen Vertriebskanälen übersteigen. Durch das Setzen niedrigerer Preise sinkt dagegen die Gewinnmarge, während die Kaufwahrscheinlichkeit steigt. Unter Anbetracht dieser Abwägung tendieren risikoaverse Manager dazu, niedrigere Preise zu setzen als risikoneutrale Manager (vgl. Colombo/Labrecciosa 2012; Xu et al. 2014). Kazaz/Webster (2015) bestätigen diese Erkenntnis für Umweltbedingungen mit unsicherer Nachfrage.

Drittens könnten Vertriebsmanager Kreuzkanaleffekte fehlinterpretieren oder gar missachten (vgl. z. B. Hall/Kopalle/Krishna 2010; Wiesel/Pauwels/Arts 2011). Jedoch haben die Preise in einem Vertriebskanal einen Einfluss auf die Nachfrage in anderen Vertriebskanälen (vgl. Kopalle et al. 2009). Das Verständnis von Kreuzkanaleffekten ist folglich eine Grundvoraussetzung für vertriebskanalspezifische Verkaufsförderungsaktionen (vgl. Breugelmans/Campo 2016; Sethuraman/Srinivasan 2002). Kreuzkanaleffekte können allerdings sowohl positiv (synergetisch) als auch negativ (kannibalistisch) ausfallen (vgl. Verhoef/Neslin/Vroomen 2007). Diese Unklarheit macht die Mehrkanal-Preissetzung besonders komplex.

Hinzu kommt, dass Manager eine Tendenz zu einem zu ausgeprägten Konkurrenzdenken haben und die Leistung von Wettbewerbern nicht tolerieren (vgl. Griffith/Rust 1997). Im Kontext dieser Studie könnten Vertriebsmanager einen zu hohen Wert auf das relative Abschneiden im Vergleich zu konkurrierenden Vertriebskanälen legen. Alle drei Argumente führen zu der nachfolgenden Hypothese:

Hypothese 1: *Vertriebsmanager tendieren dazu, zu niedrige Preise im Vergleich zu den optimalen Preisen zu setzen.*

Die Preisforschung deutet darauf hin, dass Unternehmen im Allgemeinen eine geringe Nachfrageorientierung aufweisen, da sie kostenbasierte Preissetzungsstrategien den nachfrageorientierten Preissetzungsstrategien vorziehen. Dementsprechend misslingt es ihnen häufig, adäquat auf Nachfrageschwankungen zu reagieren (vgl.

Noble/Gruca 1999; Rao/Kartono 2009). Ebenfalls zeigt eine Umfrage von Jain (2004), dass Vertriebsmanager generell dazu tendieren, die Nachfrage zu unterschätzen. Dazu kommt, dass auch die traditionelle Marktforschung eine Tendenz zeigt, die Nachfrage für beliebte Produkte zu unterschätzen (vgl. Maecker et al. 2013).

Ferner führt das übermäßige Vertrauen von Managern in ihre Fähigkeiten (ein übermäßig ausgeprägtes Selbstvertrauen/Übervertrauen) zu einer Tendenz, sich zu sicher zu sein, dass die eigene Entscheidung korrekt ist, ohne die getroffenen Annahmen kritisch zu hinterfragen. Es führt darüber hinaus dazu, dass Manager denken, schlauer als andere zu sein oder mehr Kontrolle zu haben, als es tatsächlich der Fall ist (vgl. Bazerman/Moore 2012). In Kontext dieser Studie könnten sich zu sicher fühlende Vertriebsmanager nur oberflächlich mit den vorhandenen Nachfrageinformationen auseinandersetzen. Eine aktuelle Umfrage zeigt, dass nur ein Manager von insgesamt 44 einen Schwerpunkt auf nachfrageorientierte Preissetzung legt (vgl. Gray 2010). Folglich wird die nachfolgende Hypothese formuliert:

Hypothese 2a: *Vertriebsmanager tendieren dazu, Preise nicht ausreichend an Nachfragedynamiken anzupassen.*

Vertriebsmanager unterliegen oftmals einem Vertrautheits- und Status Quo-„Bias". Ersterer impliziert, dass Vertriebsmanager häufig bekannte Heuristiken, Instrumente und Methoden gegenüber neuen bevorzugen (vgl. Huberman 2001; Iyer et al. 2015). So halten Vertriebsmanager beispielsweise an statischen (konstanten) Preisen zwischen Vertriebskanälen sowie im Zeitverlauf fest, obwohl eine statische Preisstrategie ineffektiv in sehr dynamischen Märkten sein kann (vgl. Bichler et al. 2002). Obwohl zahlreiche Studien zeigen, dass dynamische Preise die Gewinne von Unternehmen steigern (vgl. z. B. Lin/Sibdari 2009; Xu/Hopp 2009), vertrauen sie auf einen konstanten, intuitiven bzw. emotionalen Entscheidungsstil. Der Status Quo-„Bias" bedeutet, dass Vertriebsmanager dazu tendieren, an den bestehenden Preisen festzuhalten, selbst wenn sich die Marktbedingungen verändern. Sie lassen beispielsweise Listenpreise trotz signifikanter Änderungen in der Marktnachfrage unverändert (vgl. Iyer et al. 2015). Da zahlreiche Unternehmen auf statische Preise setzen (vgl. Cachon/Feldman 2010), lässt sich die folgende Hypothese ableiten, die eine stärkere Form der vorangegangenen Hypothese darstellt:

Hypothese 2b: *Vertriebsmanager tendieren dazu, statische Preise zu setzen.*

Im Vergleich zu Offline-Vertriebskanälen zahlen Konsumenten in Online-Kanälen gewöhnlich geringere Preise (vgl. Kireyev/Kumar/Ofek 2015). Dies wird als gängige Geschäftspraxis angesehen (vgl. Grewal et al. 2011; Zettelmeyer/Morton/Silva-Risso 2006). Dennoch könnte dies nicht immer die optimale Wahl sein, gerade wenn Konsumenten die Annehmlichkeiten des Online-Vertriebskanals schätzen (vgl. Avery et al. 2012). Darüber hinaus ist es schwieriger, die Verkäufe in Online-Vertriebskanälen genau zu prognostizieren (vgl. Zhang et al. 2010), was die Unsicherheiten bei Vertriebsmanagern erhöht. Da Vertriebsmanager generell eher risikoavers eingestellt sind (vgl. Colombo/Labrecciosa 2012; Stewart/Roth 2001) sowie wettbewerbsfähige Preise setzen (vgl. Griffith/Rust 1997), impliziert dies eine Tendenz, Preise zu setzen, die mit dem gängigen Grundprinzip übereinstimmen: niedrigere Preise online als offline.

Eine ähnliche Begründung liefert auch der sogenannte „Threat-Rigidity"-Effekt: Wenn Manager eine Situation als Bedrohung wahrnehmen, tendieren sie dazu, die Informationsverarbeitung zu reduzieren, und bleiben bei gewohnheitsmäßigem Handeln und fest etablierten Verhaltensweisen (vgl. George et al. 2006). In vielen Branchen werden Online-Vertriebskanäle als Bedrohung empfunden (vgl. Zhang et al. 2010), was wiederum zu einer Tendenz, niedrigere Preise online als offline zu setzen, führen sollte. Somit wird folgende Hypothese formuliert:

Hypothese 3: *Vertriebsmanager tendieren dazu, in Offline-Vertriebskanälen höhere Preise zu setzen als in Online-Vertriebskanälen.*

3.3   Modellformulierung und Modellvalidierung
Um die optimalen Preisentscheidungen in komplexen und dynamischen Vertriebsumgebungen zu bestimmen, greift diese Studie auf ein analytisches Modell zurück. Im Folgenden wird zunächst die Zielfunktion des quadratischen Optimierungsmodells eingeführt und dabei auf die Gewinnfunktionen von Hersteller und Händlern eingegangen. Daraufhin werden die Nachfragefunktion sowie die Nebenbedingungen formuliert. Schließlich erfolgt die Validierung des entwickelten Modells, indem eine Anwendung und die entsprechenden Ergebnisse aufgezeigt werden.

3.3.1   *Zielfunktion des Vertriebssystems*
Es wird ein Mehrkanal-, Mehrprodukt- und „Mehrkonsumenten"-Preissetzungsproblem über einen Mehrperioden-Horizont aus der Sicht eines Herstellers analysiert. Abbildung 3.1 gibt einen Überblick über die Vertriebsumgebung.

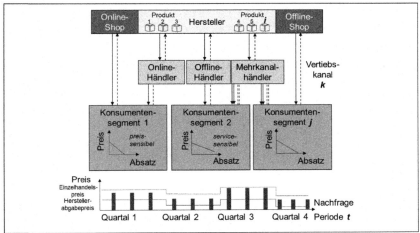

Abbildung 3.1: Komplexe und dynamische Vertriebsumgebung

Der Hersteller verkauft mehrere Produkte i [1, …, I] an heterogene Konsumenten-segmente j [1, …, J] durch mehrere Vertriebskanäle k [1, …, K] in mehreren Perioden t [1, …, T] unter der Annahme einer deterministischen Nachfrage d_{ijkt}. Es wird weiter-hin angenommen, dass die unterschiedlichen Vertriebskanäle auf dem Markt konkur-rieren. Die Vertriebskanäle sind entweder dezentralisiert, das heißt, der Hersteller verkauft seine Produkte an Endkunden über β indirekte Vertriebskanäle und erzielt dabei einen Herstellerabgabepreis (Vertragspreis) w_{ikt} von den Absatzmittlern. Im integrierten Fall dagegen verkauft der Hersteller seine Produkte über K-β direkte Ver-triebskanäle an Endkunden zum Einzelhandelspreis p_{ijkt}. Die Einzelhandelspreise (von Hersteller und Händlern) sind dabei die zentralen Entscheidungsvariablen im Modell (Abbildung 3.1). Darüber hinaus hat der Hersteller Produktionsstückkosten C_{it}, eine Produktionsmenge x_{it} (Entscheidungsvariable), Lagerhaltungskosten CS_{it}, einen Lagerbestand l_{it} (Entscheidungsvariable) und Transportkosten θ_{ikt}. In Bezug auf die Kosten wird Linearität angenommen. Daraus ergibt sich folgende Gewinn-funktion des Herstellers:

$$\pi_m = \sum_{i=1}^{I}\sum_{j=1}^{J}\sum_{t=1}^{T}(\sum_{k=1}^{\beta}(w_{ikt}*d_{ijkt}) + \sum_{k=\beta+1}^{K}(p_{ijkt}*d_{ijkt})) - \sum_{i=1}^{I}\sum_{j=1}^{J}\sum_{k=1}^{K}\sum_{t=1}^{T}(C_{it}* \quad (3.1)$$

$$x_{it} + CS_{it}*l_{it} + \theta_{ikt}*d_{ijkt})$$

In den dezentralisierten Vertriebskanälen basiert der für Hersteller und Händler ak-zeptable Vertragspreis auf der Gewinnbeteiligungsquote („Profit Sharing Ratio") PR_{kt}

(vgl. Grieger 2003; Nachiappan/Jawahar 2007). Es wird angenommen, dass Hersteller und Händler über eine unterschiedliche Verhandlungsmacht verfügen und entsprechend den endgültigen Vertragspreis verhandeln. Die im Modell als bekannt angenommene Gewinnbeteiligungsquote PR_{kt} für Hersteller und Händler

$$PR_{kt} = \frac{\sum_{j=1}^{J}(w_{ikt}-C_{it}-CS_{it}-\theta_{ikt})*d_{ijkt}}{\sum_{j=1}^{J}((p_{ijkt}-w_{ikt})*d_{ijkt})-CO_{kt}}] \ (\forall \ i, k, t),$$

(3.2)

kann umgeformt werden nach

$$PR_{kt} * (\sum_{j=1}^{J} p_{ijkt} * d_{ijkt} - \sum_{j=1}^{J} w_{ikt} * d_{ijkt} - CO_{kt}) = \sum_{j=1}^{J} w_{ikt} * d_{ijkt} - \sum_{j=1}^{J}(C_{it} + CS_{it} + \theta_{ikt}) * d_{ijkt},$$

(3.3)

bzw.

$$\sum_{j=1}^{J} w_{ikt} * d_{ijkt} + \sum_{j=1}^{J} w_{ikt} * d_{ijkt} * PR_{kt} = PR_{kt} * (\sum_{j=1}^{J} p_{ijkt} * d_{ijkt} - CO_{kt}) + \sum_{j=1}^{J}(C_{it} + CS_{it} + \theta_{ikt}) * d_{ijkt}.$$

(3.3)

Durch eine weitere Umformung kann der Vertragspreis wie folgt angegeben werden:

$$w_{ikt} = \frac{PR_{kt}*(\sum_{j=1}^{J}(p_{ijkt}*d_{ijkt})-CO_{kt})+\sum_{j=1}^{J}(C_{it}+CS_{it}+\theta_{ikt})*d_{ijkt}}{(1+PR_{kt})*\sum_{j=1}^{J} d_{ijkt}}.$$

(3.4)

Die Mehrzahl an Analysen zur dynamischen Preissetzung in der Marketingliteratur vernachlässigt bestellfixe Kosten, was allerdings zu häufigeren Bestellvorgängen und suboptimalen Preisen führen kann (vgl. Hall/Kopalle/Krishna 2010). Daher werden explizit die Bestellkosten eines Händlers CO_{kt} in das Modell aufgenommen. Die Gewinne der Händler ($k \leq \beta$) sind wie folgt definiert:

$$\pi_r = \sum_{i=1}^{I} \sum_{j=1}^{J} \sum_{t=1}^{T}((p_{ijkt} - w_{ikt}) * d_{ijkt} - CO_{kt})$$

(3.5)

Da die individuellen Gewinne auf der jeweiligen Gewinnbeteiligungsquote basieren, ist die Optimierung der nachfolgenden Zielfunktion des gesamten Vertriebssystems im Interesse aller beteiligten Parteien:

$$MaxZ= \sum_{i=1}^{I} \sum_{j=1}^{J} \sum_{k=1}^{K} \sum_{t=1}^{T}(p_{ijkt} * d_{ijkt} - C_{it} * x_{it} - CS_{it} * l_{it} - \theta_{ikt} * d_{ijkt} - CO_{kt})$$

(3.6)

Tabelle 3.1 fasst die Notation des entwickelten quadratischen Optimierungsmodells mit allen Parametern und Variablen zusammen.

Sets und Parameter	a_{ijt}	Maximales Marktpotential abgeleitet von Konsumentensegment j für Produkt i in Periode t
	b_{ijt}	Preiselastizität von Konsumentensegment j für Produkt i in Periode t
	β	Anzahl indirekter Vertriebskanäle (K-β: Anzahl direkter Vertriebskanäle)
	C_{it}	Produktionsstückkosten von Produkt i in Periode t
	CO_{kt}	Bestellfixe Kosten von Vertriebskanal k in Periode t
	CS_{it}	Lagerhaltungskosten für Produkt i in Periode t
	f_{ijkt}	Kreuzkanalelastizität des Konsumentensegments j in Kanal k für Produkt i in Periode t
	γ	Vertriebskanal ohne eine Möglichkeit zur Preisdifferenzierung ($\gamma \in K$)
	H_{ikt}	Maximal mögliche (absolute) Preisänderung für Produkt i in Vertriebskanal k in Periode t
	I	Set an Produkten ($\forall\ i \in I$)
	J	Set an Konsumentensegmenten ($\forall\ j \in J$)
	K	Set an Vertriebskanälen ($\forall\ k \in K$)
	L_t	Maximale Lagerkapazität in Periode t
	$L0_i$	Anfangslagerbestand für Produkt i (t=0)
	LP_{it}	Untere Preisschwelle für Produkt i in Periode t
	M_{ik}	Maximale Anzahl an Preisänderungen für Produkt i in Vertriebskanal k
	v_{it}	Lagereinheit für Produkt i in Periode t
	φ_{ijkt}	Anteil von Vertriebskanal k am Marktpotential abgeleitet von Konsumentensegment j für Produkt i in Periode t
	PC_{it}	Maximale Produktionskapazität für Produkt i in Periode t
	PR_{kt}	Gewinnbeteiligungsquote von Vertriebskanal k in Periode t
	T	Set an Planperioden ($\forall\ t \in T$)
	θ_{ikt}	Transportkosten für Produkt i in Vertriebskanal k in Periode t
Entscheidungs-variablen	l_{it}	Lagerbestand von Produkt i am Ende der Periode t
	λ_{ikt}	Anpassung des Einzelhandelspreises (=1, wenn der Preis in Vertriebskanal k am Beginn der Periode t angepasst wird; andernfalls 0)
	p_{ijkt}	Einzelhandelspreis von Produkt i für Konsumentensegment j in Vertriebskanal k in Periode t
	x_{it}	Produktionsmenge von Produkt i in Periode t
Weitere Variablen	d_{ijkt}	Nachfrage nach Produkt i von Konsumentensegment j in Vertriebskanal k in Periode t
	$\bar{p}_{ijkt}$	Durchschnittlicher Preis von Produkt i außerhalb von Vertriebskanal k
	w_{ikt}	Herstellerabgabepreis (Vertragspreis) von Produkt i in Vertriebskanal k in Periode t

Tabelle 3.1: Überblick über Modellparameter und -variablen

3.3.2 Formulierung der Nachfragefunktion

Lineare Nachfragefunktionen sind sowohl in der Praxis als auch in der bestehenden analytischen Literatur verbreitet (vgl. Hall/Kopalle/Krishna 2010). Diese Studie stützt sich auf die lineare Nachfragefunktion von McGuire/Staelin (1983) und Huang/Swaminathan (2009) für zwei Vertriebskanäle:

$$D_1 = \varphi_1 * \left(a - \frac{b}{1-f_1} * p_1 + \frac{b*f_1}{1-f_1} * p_2\right), D_2 = (1 - \varphi_1) * \left(a - \frac{b}{1-f_2} * p_2 + \frac{b*f_2}{1-f_2} * p_1\right) \qquad (3.7)$$

und erweitert diese für Mehrkanal-Vertriebsumgebungen.

Es wird angenommen, dass Kaufentscheidungen von Konsumenten und damit auch die Entscheidung für einen Vertriebskanal durch bestimmte Kanaleigenschaften beeinflusst werden, wie zum Beispiel die sofortige Verfügbarkeit eines Produkts oder Zeit- und Reisekostenersparnisse (vgl. z. B. Avery et al. 2012). Zudem wird angenommen, dass die Nachfrage in einem Vertriebskanal sinkt, wenn sich der Preis in dem Vertriebskanal erhöht, und dass die Nachfrage steigt, wenn sich die Preise in den konkurrierenden Vertriebskanälen erhöhen. Den Vertriebskanälen stehen zudem verschiedene Konsumentensegmente gegenüber, die sich in ihren Preis- und Kreuzkanalelastizitäten sowie in ihrer Präferenz für bestimme Vertriebskanäle unterscheiden.

Dasci/Karakul (2009) und Aydin/Ziya (2009) berücksichtigen zwei Konsumentensegmente, die sich in ihrer Preisbereitschaft unterscheiden. Im Modell dieser Studie können J verschiedene Konsumentensegmente berücksichtigt werden, beispielsweise servicesensible, preissensible oder service- und preissensible Konsumenten. Im Einklang mit Huang/Swaminathan (2009) werden Elastizitäten und Vertriebskanalanteile am Marktpotential genutzt, um kanalspezifisches Einkaufsverhalten von Konsumenten zu modellieren. So resultiert zum Beispiel die Präferenz von Konsumenten, Autos offline zu kaufen, in einer geringen Substituierbarkeit zwischen Offline- und Online-Kanälen und folglich in geringen Kreuzkanaleffekten. Wenn Konsumenten dagegen keine Kanalpräferenz aufweisen, ist der Grad der Kanalsubstituierbarkeit hoch, was starke Kreuzkanaleffekte zwischen Kanälen bedingt. Während die Nachfrage in einem Kanal also abhängig ist von den Preisen dieses Produkts in anderen Kanälen, wird angenommen, dass die Nachfrage nach dem Produkt unabhängig von den Preisen anderer Produkte ist, die mögliche Substitute darstellen (vgl. z. B. Caro/Gallien 2012; Erdelyi/Topaloglu 2011).

Des Weiteren wird angenommen, dass alle Modellparameter in einer bestimmten Periode konstant und dem Hersteller und den Händlern bekannt sind (vgl. z. B. Biller et al. 2005; Huang/Swaminathan 2009). Allerdings können sich die Werte zwischen verschiedenen Vertriebskanälen, Produkten, Konsumentensegmenten sowie im Zeitverlauf unterscheiden (vgl. Abschnitt 3.3.4). Hersteller und Händler können also im Zuge des Entscheidungsprozesses Nachfragemuster, Preiselastizitäten und Kreuzkanalelastizitäten der Konsumenten abschätzen. Demnach eignet sich das Modell eher für stabile, reife Branchen und Branchen mit Zugang zu entsprechenden Marktforschungsdaten. Beispielhaft sei die Hausgerätebranche genannt, die insbesondere durch Ersatzbedarf geprägt ist.

Deshalb hängt die Nachfrage nach einem Produkt in einem Vertriebskanal ab von dem Einzelhandelspreis, der (konsumenten-)segmentspezifischen Preiselastizität b_{ijkt}, der segmentspezifischen Kreuzkanalelastizität f_{ijkt}, dem Durchschnittspreis $\bar{p}$ in konkurrierenden Vertriebskanälen und dem Anteil φ_{ijkt} des Kanals am gesamten Marktpotential a_{ijt}. Letzterer repräsentiert auch die segmentspezifischen Vertriebskanalpräferenzen. Folglich ergibt sich für die Nachfragefunktionen d_{ijkt}:

$$d_{ijkt} = \varphi_{ijkt} * (a_{ijt} - \frac{b_{ijt}}{1-f_{ijkt}} * p_{ijkt} + \frac{b_{ijt}*f_{ijkt}}{1-f_{ijkt}} * \bar{p}_{ijkt}) \ (\forall \ i,j,k,t) \tag{3.8}$$

3.3.3 Nebenbedingungen

Der Großteil der bestehenden Modelle im Bereich dynamisches Preismanagement erfasst die Komplexität in der Vertriebspraxis nur unzureichend (vgl. Chen/Chen 2015). In dieser Untersuchung wird dieses Problem adressiert, indem die nachfolgenden Nebenbedingungen einbezogen werden: Die Summe aller Anteile der Vertriebskanäle am Marktpotential ist 1 (3.9). Preisdifferenzierung zwischen unterschiedlich preissensiblen Konsumenten ist in manchen Vertriebskanälen (γ) nicht möglich. Dies trifft zum Beispiel zu, wenn sich Konsumenten zum gleichen Zeitpunkt an einem Regalplatz eines Offline-Händlers befinden (3.10). Die maximale Anzahl an Preisänderungen über einen diskreten Zeithorizont wird mittels dem Parameter M_{ik} begrenzt. Dies trifft insbesondere auf indirekte Vertriebskanäle zu, in denen Preisänderungen verhältnismäßig kosten- und zeitaufwendig sind. In dieser Hinsicht wird die Binärvariable λ_{ikt} genutzt, die anzeigt, ob ein Preis angepasst wurde oder nicht. Preisänderungen, falls möglich, erfolgen periodenweise und immer am Beginn der Zeitperiode (3.11). Auch die absolute Höhe der Preisänderung von einer Periode zur nächsten wird mittels dem Parameter H_{ikt} begrenzt, um so Irritationen auf Konsumentenseite zu verhindern (3.12). Hinsichtlich möglicher Preise wird eine untere Preisschwelle LP_{it} gesetzt, die beispielsweise den Produktionsstückkosten entsprechen könnte (3.13). Die Produktionsmenge des Herstellers ist beschränkt durch die maximale

Produktionskapazität PC_{it} (3.14). Der Hersteller kann die Gesamtnachfrage mittels Lagerbestand aus der Vorperiode und seiner Produktionsmenge in der aktuellen Periode bedienen (3.15-3.17). Der Lagerbestand muss am Ende des Zeithorizonts auf das ursprüngliche Niveau $L0_i$ aufgefüllt werden (3.18). Die maximale Lagerkapazität L_t begrenzt die Anzahl an Lagereinheiten (3.19). Die Nachfrage ist nichtnegativ, Produktionsmenge und Lagerbestand sind nichtnegativ und ganzzahlig (3.20, 3.21).

$$\sum_{k=1}^{K} \varphi_{ijkt} = 1 \ (\forall \ i, j, t) \tag{3.9}$$

$$p_{i1yt} = p_{i2yt} = \dots = p_{ijyt} \ (\gamma \in K) \ (\forall \ i, k, t) \tag{3.10}$$

$$\sum_{t=1}^{T} \lambda_{ikt} \leq M_{ik}, \lambda_{ikt}=\{0, 1\} \ (\forall \ i, k) \tag{3.11}$$

$$|p_{ijkt}-p_{ijkt-1}| \leq H_{ikt}*\lambda_{ikt}, \ \lambda_{ikt} = \{0, 1\} \ (\forall \ i, j, k, t) \tag{3.12}$$

$$p_{ijkt} \geq LP_{it} \ (\forall \ i, j, k, t) \tag{3.13}$$

$$x_{it} \leq PC_{it} \ (\forall \ i, t) \tag{3.14}$$

$$l_{i,t-1}+x_{it} = \sum_{j=1}^{J} \sum_{k=1}^{K} d_{ijkt} + l_{i,t} \ (\forall \ i, t>2) \tag{3.15}$$

$$L0_i+ x_{it}=\sum_{j=1}^{J} \sum_{k=1}^{K} d_{ijkt}+ l_{it} \ (\forall \ i, t=1) \tag{3.16}$$

$$l_{i,t-1} \geq \sum_{j=1}^{J} \sum_{k=1}^{K} d_{ijkt} \ (\forall \ i, t>2) \tag{3.17}$$

$$L0_i =l_{it} \ (\forall \ i, t=T) \tag{3.18}$$

$$\sum_{i=1}^{I} v_i * l_{it} \leq L_t \ (\forall \ t) \tag{3.19}$$

$$d_{ijkt} \geq 0 \ (\forall \ i, j, k, t) \tag{3.20}$$

$$x_{it}, l_{it} \in \mathbb{Z}_0^+ \ (\forall \ i, t) \tag{3.21}$$

3.3.4 *Testanwendung und Validierung des Modells*

Um die Leistungsfähigkeit des entwickelten analytischen Modells zu validieren, wurden numerische Analysen mit der Software Xpress durchgeführt. Dabei wurde das Modell mit Prognosedaten eines Herstellers langlebiger Konsumgüter für die kommenden zwölf Monate kalibriert. Der Hersteller agiert in einem Umfeld, in dem Vertriebsmanager Jahresvereinbarungen mit Schlüsselkunden auf Handelsseite verhandeln. Zudem schwankt die Nachfrage saisonal innerhalb eines Jahres. Jede andere Situation bzw. Praxisanwendung, die einen mehrperiodischen Planungshorizont erfordert, wäre ebenso denkbar. Überdies ist erwähnenswert, dass das entwickelte Entscheidungsunterstützungssystem auch geeignet ist, um eine schwankende Nachfrage innerhalb eines Monats oder innerhalb eines Tages abzubilden.

Nachfolgend soll eine Anwendung des Modells mit dem Hersteller langlebiger Konsumgüter dargestellt werden, der beispielhaft drei Produkte an zwei Konsumentensegmente (servicesensibel vs. preissensibel) über zwei indirekte Vertriebskanäle und einen direkten Vertriebskanal verkauft. Die indirekten Vertriebskanäle umfassen einen Offline-Händler (1) und einen Online-Händler (2). Der direkte Vertriebskanal stellt den eigenen Online-Shop (3) dar. Die nachfolgenden Parameter zeigen die saisonal schwankende Nachfrage, die unterschiedlichen Eigenschaften der Konsumentensegmente, die maximale Anzahl an Preisänderungen, die in den indirekten Vertriebskanälen auf zwei bzw. vier pro Jahr beschränkt sind, und die unterschiedlich ausgeprägte Verhandlungsmacht der beiden Händler.

t	1	2	3	4	5	6	7	8	9	10	11	12
a_{11t}	5000	5500	6600	6600	7260	7986	8785	7906	7116	6404	5764	5187
a_{12t}	4000	4400	5280	5280	5808	6389	7028	6325	5692	5123	4611	4150
a_{21t}	4500	4950	5940	5940	6534	7187	7906	7116	6404	5764	5187	4668
a_{22t}	6000	6600	7920	7920	8712	9583	1054	9487	8539	7685	6916	6225
a_{31t}	4000	4400	5280	5280	5808	6389	7028	6325	5692	5123	4611	4150
a_{32t}	3500	3850	4620	4620	5082	5590	6149	5534	4981	4483	4035	3631

t							1-12					

b_{11t}	2,65	CS_{1t}	5	LP_{1t}	790	φ_{123t}	0,30	PC_{it}	10000
b_{12t}	2,70	CS_{2t}	8	LP_{2t}	800	φ_{211t}	0,20	PR_{1t}	0,80
b_{21t}	2,50	CS_{3t}	3	LP_{3t}	590	φ_{212t}	0,50	PR_{2t}	1,10
b_{22t}	2,55	f_{i11t}	0,20	M_{i1}	2	φ_{213t}	0,30	θ_{11t}	1
b_{31t}	2,65	f_{i12t}	0,25	M_{i2}	4	φ_{221t}	0,25	θ_{12t}	2
b_{32t}	2,70	f_{i13t}	0,25	M_{i3}	11	φ_{222t}	0,45	θ_{13t}	5
C_{1t}	160	f_{i21t}	0,23	v_{1t}	1	φ_{223t}	0,30	θ_{21t}	4
C_{2t}	140	f_{i22t}	0,30	v_{2t}	1	φ_{311t}	0,40	θ_{22t}	6
C_{3t}	120	f_{i23t}	0,40	φ_{111t}	0,30	φ_{312t}	0,25	θ_{23t}	10
CO_{1t}	50	LO_1	3000	φ_{112t}	0,30	φ_{313t}	0,35	θ_{31t}	2
CO_{2t}	40	LO_2	4000	φ_{113t}	0,40	φ_{321t}	0,35	θ_{32t}	3
CO_{3t}	30	LO_3	3000	φ_{121t}	0,30	φ_{322t}	0,35	θ_{33t}	7
				φ_{122t}	0,40	φ_{323t}	0,30		

Tabelle 3.2: Input-Parameter für die Testanwendung

Abbildung 3.2 zeigt exemplarisch die optimalen Preispfade für eines der drei Produkte des Herstellers basierend auf der „MAXTIME" = 900-Sekunden-Lösung. Mit Blick auf die Leistungsfähigkeit des Modells beträgt die Optimalitätslücke 1,5 % nach fünf Sekunden und < 1 % nach 360 Sekunden.

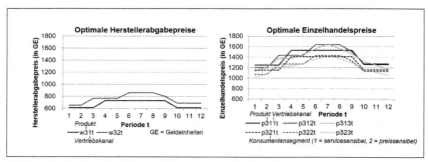

Abbildung 3.2: Optimale Preispfade des Herstellers und der Händler

Die Ergebnisse können im Kontext von Jahresvereinbarungen eines Herstellers mit seinen Schlüsselkunden aus drei Gründen sehr hilfreich sein.

Erstens zeigen die Ergebnisse die optimalen Herstellerabgabe- und Einzelhandelspreise inklusive Zeitpunkt und Höhe von Preisanpassungen. Auf dieser Basis können zum Beispiel Verkaufsförderungsaktionen geplant werden. Genauer gesagt sollte der Hersteller in dem gezeigten Beispiel Verkaufsförderungsaktionen (Rabattpreise) zum Jahresbeginn sowie zum Jahresende einsetzen (vgl. Abbildung 3.2). Aufgrund des erhöhten Marktpotentials in den Sommermonaten sind sowohl der optimale Herstellerabgabepreis als auch die optimalen Einzelhandelspreise in diesen Monaten höher. Diesbezüglich ist es auch möglich, die optimalen Preiserhöhungen zu berechnen.

Zweitens berücksichtigt das Optimierungsmodell verschiedenste Marktbedingungen, wie beispielsweise eine unterschiedlich ausgeprägte Verhandlungsmacht. Aufgrund der unterschiedlichen Gewinnbeteiligungsquoten zwischen dem Hersteller und den Händlern in dem Anwendungsbeispiel gibt es eine Diskrepanz zwischen den optimalen Herstellerabgabepreisen (vgl. Abbildung 3.2). Die höhere Verhandlungsmacht des Offline-Händlers (1) (vgl. Tabelle 3.2) resultiert in niedrigeren Herstellerabgabepreisen an den Offline-Händler (1) im Vergleich zum Online-Händler (2). Unterschiede in den optimalen Einzelhandelspreisen basieren überwiegend auf zwei Gründen: Zunächst liegen unterschiedliche Konsumentensegmente vor; einerseits das servicesensible Segment 1, das deutlich weniger elastisch auf Preisänderungen reagiert;

andererseits das preissensible Konsumentensegment 2 mit stärker ausgeprägten Elastizitätswerten. Dazu kommt, dass die maximale Anzahl an Preisänderungen und folglich auch die Flexibilität, Preise an Marktbedingungen anzupassen, sich pro Vertriebskanal unterscheidet. Demnach muss der Offline-Händler (1) mit maximal zwei Preisänderungen deutlich früher die Preise anpassen als die anderen beiden Vertriebskanäle.

Drittens ist es auch möglich, optimale Produktions- und Lagerbestandsmengen des Herstellers über den Planungshorizont hinweg zu berechnen. Diese werden nachfolgend beispielhaft für eines der drei Produkte dargestellt:

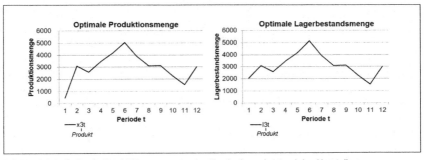

Abbildung 3.3: Optimale Produktionsmenge und optimaler Lagerbestand des Herstellers

Um die Optimalität der Ergebnisse zu belegen, wurden Herstellerabgabe- und Einzelhandelspreise sowie die Produktionsmengen und Lagerbestände über ein breites Spektrum variiert, was zu einem signifikanten Rückgang der Gesamtgewinne führte. Somit zeigen die Ergebnisse, dass von einer gemeinsamen Optimierung der Mehrkanal-Preissetzung sowie der Verkaufsförderungs-, Produktions-, und Lagerbestandsplanung sowohl Hersteller als auch Händler profitieren.

3.4 Experimentelle Studie

3.4.1 Untersuchungsdesign

Ziel dieser Studie war es, die formulierten Hypothesen experimentell zu überprüfen. Es soll identifiziert werden, ob und wann die Preisentscheidungen von Vertriebsmanagern im Vergleich zu modellbasierten Vorhersagen gewinnmaximierender Preise anfällig für „Biases" sind. Insofern stützte sich diese Studie zunächst auf das entwickelte analytische Modell, um die gewinnmaximierenden Preise für einen gegebenen Daten-Input zu berechnen.

Es wurden drei alternative Szenarien (Treatments) (S1, S2, S3) in einem einfaktoriellen Between-Subject-Design betrachtet (vgl. Tabelle 3.3). Das erste Szenario (S1) dient als Vergleichsbasis („Basic Scenario") mit relativ konstanten Modellinputparametern, einschließlich eines konstanten Wachstums des Marktpotentials über vier Zeitperioden (z. B. Quartale) hinweg. Im zweiten Szenario (S2) liegt im zweiten Quartal ein starkes Wachstum des Marktpotentials vor (z. B. eine Bedarfsspitze), mit ansonsten konstanten Parametern. Im dritten Szenario (S3) liegen im dritten Quartal höhere Kreuzkanaleffekte vor (z. B. durch eine vergleichende Werbekampagne eines großen Einzelhändlers), mit ansonsten konstanten Parametern. Dementsprechend steigt die Komplexität der Marktbedingungen von S1 zu S3 an.

Marktbedingungen *(S1)*	Quartal 1	Quartal 2	Quartal 3	Quartal 4
Marktpotential	2.500	2.700 *3.200 (S2)*	2.900	3.100
Preiselastizität der Nachfrage	-2,65	-2,65	-2,65	-2,65
Kreuzkanalelastizität	0,25	0,25	0,25 *0,70 (S3)*	0,25
Anteil am Marktpotential des Offline-Händlers	0,50	0,50	0,50	0,50
Anteil am Marktpotential des Online-Händlers	0,30	0,30	0,30	0,30
Anteil am Marktpotential des herstellereigenen Online-Shops	0,20	0,20	0,20	0,20
Hinweise: S1: Szenario/Treatment 1, S2: Szenario/Treatment 2, S3: Szenario/Treatment 3.				

Tabelle 3.3: Szenario-spezifische Marktbedingungen

Die zusätzliche Komplexität in den Szenarien wurde bewusst begrenzt, um es den Probanden zu ermöglichen, eine vereinfachte, aber dennoch realistische Situation in einer angemessenen Zeit zu beurteilen. Es wurde angenommen, dass der Hersteller nur ein Produkt an ein Konsumentensegment über zwei indirekte Vertriebskanäle (Offline-Shop und Online-Shop) und einen direkten Vertriebskanal (herstellereigener Online-Shop) verkauft. Die kanalspezifischen Parameter wurden reduziert auf Unterschiede in den Gesamtkosten (Kosten herstellereigener Online-Shop < Kosten Online-Shop des Händlers < Kosten Offline-Shop des Händlers) und in der Verhandlungsmacht (Verhandlungsmacht Online-Händler < Verhandlungsmacht Offline-Händler). Zentrale Parameter umfassen das Marktpotential, Preiselastizitäten,

Kreuzpreiselastizitäten sowie Anteile am Marktpotential und entsprechen der Tabelle 3.3.

Überdies sind Konsumenten als Mehrkanal-Einkäufer gekennzeichnet, das heißt, sie ziehen für den Kauf des Produkts alle drei Vertriebskanäle in Betracht. Darüber hinaus ist die maximale Anzahl an Preisänderungen auf eine Preisänderung pro Zeitperiode begrenzt. Da vier Quartale betrachtet werden, ist die maximale Anzahl an Preisänderungen auf vier pro Vertriebskanal begrenzt.

Mit diesem Parameterinput (Tabelle 3.3) wurde das Modell kalibriert und die gewinnmaximierenden Einzelhandelspreise für alle drei Vertriebskanäle in den vier betrachteten Perioden berechnet. Erwähnenswert ist, dass in diesen vereinfachten Szenarien die Lösungszeit sowie die Optimalitätslücke des Modells bei null lagen.

Die Probanden hatten sechs alternative Preisgestaltungsoptionen zur Auswahl. Jede Option veranschaulichte graphisch die Preise pro Vertriebskanal und pro Quartal. Die Teilnehmer sollten die aus ihrer Sicht optimale (gewinnmaximierende) Option wählen, basierend auf den gegebenen Daten des entsprechenden Szenarios. Tabelle 3.4 veranschaulicht die alternativen Preisgestaltungsoptionen, aus denen die Probanden in den drei Treatments wählen konnten.

Option 1 stellt jeweils die Vorhersage des quadratischen Optimierungsmodells im Hinblick auf die optimalen (gewinnmaximierenden) Preisgestaltungsoptionen dar (Tabelle 3.4, Option 1).

In Option 2 wurde der Preispfad des Offline-Händlers mit dem Preispfad des herstellereigenen Online-Shops getauscht, ohne die Preise zu verändern. Da das Modell höhere Preise im herstellereigenen Online-Shop als beim Offline-Händler vorhersagte (Option 1), war in Option 2 der Gesamtgewinn und folglich auch der Herstellergewinn geringer.

Die Wahl der Preisgestaltungsoptionen 3 und 4 mit konstanten Preispfaden deutet auf eine Tendenz zu statischen Preisen, zu zu niedrigen als den optimalen Preisen und zu einer geringen Nachfrageorientierung hin, obwohl ein deutlicher Anstieg des Marktpotentials in den Marktbedingungen abgebildet ist (vgl. Tabelle 3.3). Probanden, die diese Optionen wählten, fehlinterpretierten überdies die erhöhten Kreuzkanaleffekte in S3 und erhöhten die Preise entsprechend nicht. Aus einem erneuten

Austausch des Preispfads des Offline-Händlers mit dem des herstellereigenen Online-Shops resultiert Preisgestaltungsoption 4.

Preisgestaltungsoptionen 5 und 6 zeigen eine Tendenz zu zu niedrigen (im Vergleich zu den optimalen) Preisen, einer zu geringen Nachfrageorientierung und einer Fehlinterpretation von Kreuzkanaleffekten, da die Optionen weder die zugrunde liegende Nachfragedynamik noch die erhöhten Kreuzkanaleffekte adäquat abbilden. Schließlich führt ein Austausch des Preispfads des Offline-Händlers mit dem des herstellereigenen Online-Shops zu Preisgestaltungsoption 6.

Wenn nachfolgend über Abweichungen vom Modelloptimum gesprochen wird, impliziert dies eine Tendenz von Studenten und Managern, Preise zu setzen, die zu niedrig im Vergleich zur Lösung des Entscheidungsunterstützungssystems sind. Dies ist der Fall in vier der fünf „unterlegenen" Preisgestaltungsoptionen, die in Tabelle 3.4 als Preisoptionen 3 bis 6 aufgeführt sind. Im Zuge des Experiments wurde die Reihenfolge der jeweils sechs Preisoptionen pro Szenario randomisiert.

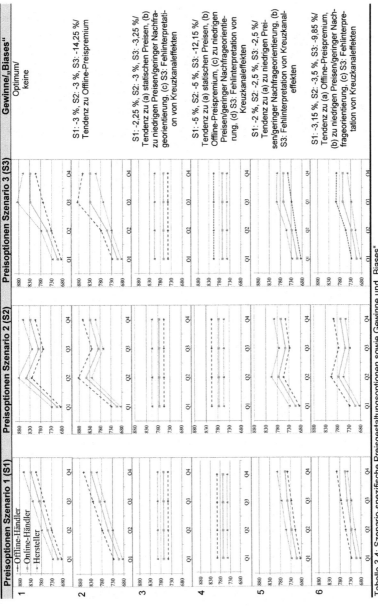

Tabelle 3.4: Szenario-spezifische Preisgestaltungsoptionen sowie Gewinne und „Biases"

3.4.2 Vorgehen

Teilnehmer des Experiments hatten die Aufgabe, sich in die Rolle eines Vertriebs-
managers eines Herstellers von Haushaltsgeräten zu versetzen. Hierbei waren sie
verantwortlich für den Vertrieb eines neuen, innovativen Geschirrspülers (eines lang-
lebigen Konsumguts). Die Teilnehmer befanden sich in einer monopolistischen Situation, in der sie die Preise von Wettbewerberprodukten vernachlässigen konnten. Die
Teilnehmer wurden informiert, dass sich das Produktmanagement auf eine Spanne
zwischen 680 Euro und 890 Euro für den Einzelhandelspreis festgelegt hatte. Darüber hinaus wurden noch zusätzliche Annahmen (Kosten herstellereigener Online-
Shop < Kosten Online-Shop des Händlers < Kosten Offline-Shop des Händlers; Verhandlungsmacht Online-Händler < Verhandlungsmacht Offline-Händler) und szenario-spezifische Marktbedingungen (vgl. Tabelle 3.3) bereitgestellt.

Die Teilnehmer wurden zufällig einem der drei Szenarien (S1, S2, S3) zugeteilt. Anschließend mussten die Teilnehmer eine der sechs Preisgestaltungsoptionen (Einzelhandelspreise pro Vertriebskanal und pro Periode) wählen, die sie für optimal für
den Gewinn des gesamten Vertriebssystems und folglich für den Hersteller hielten
(vgl. Tabelle 3.4). Die Wahl einer der fünf unterlegenen Preisgestaltungsoptionen
resultierte in einem Rückgang der Gewinne um zwischen 2 % und 14,25 %.

Um die Motivation der Probanden zu erhöhen, hatten diejenigen, die die optimale
Preisoption im jeweiligen Szenario wählten, die Chance auf den Gewinn eines 30-
Euro-Gutscheins bei einem großen Elektro-Einzelhändler. Dies entspricht beispiels-
weise dem Vorgehen von Griffith/Rust (1997), die Probanden zusätzlich 2,5 % der
Unternehmensgewinne im Experiment auszahlten, um sie so zu einem realistische-
ren Verhalten zu motivieren.

Anschließend wurden Manipulationschecks für die drei Szenarien durchgeführt. Sowohl Studenten als auch Manager mussten sich an die manipulierte Marktbedingung
erinnern, also an ein konstantes Marktpotentialwachstum in S1, an einen überpropor-
tionalen Anstieg des Marktpotentials im zweiten Quartal in S2 und an signifikant höhere Kreuzkanaleffekte im dritten Quartal in S3.

Zudem wurden Kontrollvariablen erfasst, um so Rückschlüsse über den Hintergrund
der Probanden ziehen zu können. Ebenfalls abgefragt wurden weitere Variablen, die
in Verbindung mit der Wahrscheinlichkeit einer optimalen Preisentscheidung stehen

können. Diese umfassen die Langzeitorientierung/Kurzsichtigkeit der Probanden (vgl. Bearden/Money/Nevins 2006), ihre individuelle Risikoeinstellung (vgl. Sharma 2010), ihren Entscheidungsstil (rational vs. emotional, „head vs. heart") (vgl. Shiv/Fedorikhin 1999) und ihr (Über-)Vertrauen (übermäßig ausgeprägtes Selbstvertrauen) in ihre Entscheidung (vgl. Briñol/Petty/Tormala 2004). In der Managerstichprobe wurde zudem für die Berufserfahrung und die Handels- und Pricing-Expertise der Probanden kontrolliert (vgl. Mishra/Umesh/Stem 1993) (vgl. Tabelle 3.5). Die Studie wurde als Online-Experiment durchgeführt.

3.4.3 Datengrundlage

Die Daten stammen aus zwei unterschiedlichen Quellen. Zunächst wurde ein Experiment mit Studierenden der Wirtschaftswissenschaften an der Universität Passau durchgeführt. Studierende sind häufig Gegenstand von Studien, die sich mit dem Entscheidungsverhalten von Managern beschäftigen (vgl. z. B. Gary/Wood/Pillinger 2012). 189 Studenten nahmen an der Studie teil. 14 Probanden wurden ausgeschlossen, da sie den Manipulationscheck nicht bestanden, was zu einem finalen Stichprobenumfang in Höhe von n = 175 führte. Das durchschnittliche Alter der Teilnehmer war 22,7 Jahre (Median: 22 Jahre). 63 % der Probanden waren weiblich. 41 % der Probanden hatten bereits einen Bachelor-Abschluss und waren in einen Master-Studiengang eingeschrieben.

Die Managerstichprobe wurde über einen kommerziellen Online-Panel-Anbieter gewonnen. Filterfragen stellten sicher, dass teilnehmende Manager mindestens ein Jahr Arbeitserfahrung im Marketing- oder Vertriebsbereich hatten und in Firmen mit mindestens zehn Mitarbeitern angestellt waren. Die Studie wurde in Deutschland im Jahr 2016 durchgeführt.

453 Marketing- und Vertriebsmanager nahmen ursprünglich am Experiment teil. Es wurden lediglich diejenigen berücksichtigt, die die Manipulationschecks bestanden. Die finale Stichprobe entsprach n = 350. Die Probanden waren durchschnittlich 42,7 Jahre alt (Median: 43 Jahre). 43 % der Probanden waren weiblich. Die durchschnittliche Arbeitserfahrung im aktuellen Beruf war neun Jahre. 48 % der Probanden arbeiteten für Unternehmen aus dem B2B-Bereich. Wesentliche Branchen waren Handel, Finanzen, IT und Telekommunikation, Metall und Elektro, Chemie, Gesundheitswesen und Bauwesen. Die Mehrzahl der Probanden (= 60 %) hatte eine Vertriebsposition inne (Vertriebsdirektor, Key Account Manager, Außendienstmitarbeiter etc.). 52 %

trafen innerhalb der letzten zwölf Monate zumindest eine Preisentscheidung in ihren Unternehmen. 48 % der Probanden gaben an, dass ihre Unternehmen ein Entscheidungsunterstützungssystem für Preisentscheidungen nutzen, und 35 % der Probanden gaben an, selbst eines zu nutzen.

3.4.4 Messung der Konstrukte

Die abhängige Variable stellte dar, ob die gewinnmaximierende (optimale) Preisoption gewählt wurde, und war entsprechend binär kodiert (1 = optimale Preisoption 1; 0 = unterlegene Preisoptionen 2-6).

Alle Skalen und psychometrische Eigenschaften sowie entsprechende Referenzen sind in Tabelle 3.5 zusammengefasst. Insgesamt zeigen die Skalen gute psychometrische Eigenschaften: Cronbachs Alpha, Indikator- und Faktorreliabilitäten sowie die durchschnittlich erfasste Varianz übersteigen gängige Mindestwerte (vgl. Bagozzi/Yi 1988). Lediglich die Messung der Langzeitorientierung ist mit einer durchschnittlich erfassten Varianz von 0,45 bzw. 0,44 problematisch. Dennoch wurde die etablierte Skala von Bearden/Money/Nevins (2006) beibehalten. Überdies zeigten die Ergebnisse keine größeren Probleme hinsichtlich Diskriminanzvalidität (vgl. Fornell/Larcker 1981). Korrelationen zwischen den Konstrukten und deskriptive Statistiken sind in Tabelle 3.6 dargestellt.

Konstrukte und Indikatoren	CA	IR	FR	DEV	Referenzen
(Über-)Vertrauen[1]	0,92/ 0,89		0,92/ 0,89	0,80/ 0,74	Briñol/ Petty/ Tormala (2004)
Bei meiner Entscheidung für einen Preispfad fühlte ich mich:					
... zuversichtlich.		0,65/0,70			
... überzeugt.		0,85/0,70			
... sicher.		0,88/0,81			
Entscheidungsstil („head vs. heart")[2]	0,87/ 0,88		0,87/ 0,88	0,63/ 0,64	Shiv/ Fedorikhin (1999)
Bei meiner Entscheidung habe ich mich eher verlassen auf ...					
... mein Wissen./meine Intuition.		0,52/0,51			
... meine Gedanken./meine Gefühle.		0,67/0,67			
... mein bedachtes Ich./mein spontanes Ich.		0,64/0,69			
... meine rationale Seite./meine emotionale Seite.		0,70/0,70			
Involvement[1]	0,86/ 0,89		0,87/ 0,89	0,69/ 0,73	Mehta/ Hoegg/ Chakravarti (2011)
Ich habe alle Informationen aufmerksam gelesen.		0,50/0,61			
Ich habe mir bei der Entscheidung für einen Preispfad viel Mühe gegeben.		0,77/0,78			
Ich war bei der Auswahl der Preisepfade sehr konzentriert.		0,79/0,78			
Langzeitorientierung[1]	0,70/ 0,67		0,71/ 0,70	0,45/ 0,44	Bearden/ Money/ Nevins (2006)
Ich plane langfristig.		0,40/0,34			
Ich arbeite hart für meinen Erfolg in der Zukunft.		0,63/0,71			
Mir macht es nichts aus, heute auf Spaß zu verzichten, um in Zukunft erfolgreich zu sein.		0,33/0,38			
Risikofreude		-			Sharma (2010)
Wie risikobereit sind Sie im Allgemeinen? 1 = gar nicht risikobereit, ..., 7 = sehr risikobereit					
Pricing-Expertise[2]	-/ 0,95		-/ 0,96	-/ 0,84	Mishra/ Umesh/ Stem (1993)
Wie schätzen Sie sich im Hinblick auf das Themenfeld Pricing ein?					
Ich kenn mich im Themenfeld eher weniger aus./ Ich kenne mich im Themenfeld sehr gut aus.		-/0,79			
Ich bin unerfahren./Ich bin erfahren.		-/0,89			
Ich bin unwissend./Ich bin umfassend informiert.		-/0,84			
Ich bin Anfänger./Ich bin Experte.		-/0,85			

Hinweise: Studenten-/Managerstichprobe. Die Items/Indikatoren wurden auf siebenstufigen Rating-Skalen gemessen. [1]1 = „stimme gar nicht zu" und 7 = „stimme voll und ganz zu". [2]semantisches Differential.
CA: Cronbachs Alpha, IR: Indikatorreliabilität, FR: Faktorreliabilität, DEV: durchschnittlich erfasste Varianz.

Tabelle 3.5: Konstrukte der Untersuchung (Studenten/Manager)

	Studenten						Manager									
	1	2	3	4	5	10	1	2	3	4	5	6	7	8	9	10
1 (Über-)Vertrauen	1,00						1,00									
2 Entscheidungsstil	-0,531	1,00					-0,151	1,00								
3 Involvement	0,404	-0,414	1,00				0,350	-0,290	1,00							
4 Langzeitorientierung	0,136	-0,081	0,202	1,00			0,294	-0,236	0,442	1,00						
5 Risikofreude	0,273	-0,067	-0,066	-0,130	1,00		0,253	-0,039	0,054	0,211	1,00					
6 Pricing-Expertise			–				0,271	-0,146	0,201	0,299	0,218	1,00				
7 Nutzung von DSS							0,081	-0,021	0,017	0,097	0,033	0,223	1,00			
8 Handels-Expertise							0,111	-0,053	-0,030	0,011	0,076	-0,003	-0,059	1,00		
9 Arbeitserfahrung							0,057	0,037	0,079	0,014	-0,094	0,001	-0,009	-0,104	1,00	
10 Optimale Preisentscheidung (Ja/Nein)	-0,159	0,104	-0,216	0,012	0,071	1,00	0,089	-0,035	0,030	0,044	0,077	-0,076	0,014	-0,069	-0,012	1,00
Mittelwert	3,960	3,783	5,103	5,004	4,166	0,154	5,311	3,868	5,679	5,329	4,237	4,297	0,351	0,194	8,995	0,220
Standardabweichung	1,493	1,357	1,255	1,160	1,455	0,362	1,140	1,459	1,092	1,041	1,416	1,516	0,478	0,396	6,849	0,415

Hinweise: Die Items/Indikatoren wurden auf siebenstufigen Rating-Skalen gemessen, mit Ausnahme der Nutzung von DSS/Decision Support Systemen/Entscheidungsunterstützungssystemen (1 = Ja; 0 = Nein), Handels-Expertise (1 = Handelsbranche; 0 = andere) und Arbeitserfahrung (in Jahren).

Tabelle 3.6: Korrelationen und deskriptive Statistiken

3.5 Ergebnisse

Die formulierten Hypothesen wurden unter Verwendung deskriptiver Analysen und einer logistischen Regression überprüft. Zudem erfolgte eine Analyse der Unterschiede zwischen der Studenten- und der Managerstichprobe.

3.5.1 Deskriptive Analyse

Die Mehrzahl der Probanden, 85 % der Studenten und 78 % der Manager wählten nicht die gewinnmaximierenden Preise auf Basis des Entscheidungsunterstützungssystems (vgl. Tabelle 3.4 und Tabelle 3.7). Bei den Managern liegt jedoch die Quote derjenigen, die die den optimalen Preis wählten, mit 22 % signifikant oberhalb des Zufallswerts (= 16,67 %, $z_{Manager}$ = 2,68, p < 0,01). Genauer gesagt wählten 80 % der Studenten in S1, 86 % der Studenten in S2 und 88 % der Studenten in S3, sowie 73 % der Manager in S1, 79 % der Manager in S2 und 83 % der Manager in S3 eine der fünf unterlegenen Preisgestaltungsoptionen (vgl. Tabelle 3.7). Dies bedingte einen Rückgang der Gewinne in Höhe von durchschnittlich 6 % bei den Studenten und in Höhe von 5,5 % bei den Managern. Die Preisentscheidungen der Manager lagen (schwach) signifikant näher an der gewinnmaximierenden Lösung des Entscheidungsunterstützungssystems (χ^2 = 2,77, p < 0,10). Tabelle 3.7 zeigt, dass die Entscheidungsqualität über beide Stichproben hinweg tendenziell von S1 zu S3 abnimmt.

Bezugnehmend auf die formulierten Hypothesen zeigen die deskriptiven Ergebnisse in Tabelle 3.7, dass rund 50 % der Studenten und der Manager eine Tendenz zu zu niedrigen Preisen (im Vergleich zum Modelloptimum) aufwiesen (Hypothese 1), verstärkt durch eine Fehlinterpretation von Kreuzkanaleffekten. Die gleiche Prozentzahl an Studenten und Managern zeigte auch eine geringe Nachfrageorientierung, das heißt, eine Tendenz, Preise nicht ausreichend an Nachfragedynamiken anzupassen (Hypothese 2a). Wie in Hypothese 2b formuliert, zeigten auch einige Probanden eine Tendenz zu statischen Preisen. Insbesondere im Falle von S1, dem „Basic Setting" mit relativ konstanten Modellinputparametern, wählten 20 % der Studenten und 22 % der Manager eine statische Preisoption (vgl. Tabelle 3.7). Schließlich stützen die deskriptiven Ergebnisse Hypothese 3, da 78 % der Studenten und 58 % der Manager eine klare Tendenz dazu hatten, in Offline-Vertriebskanälen höhere Preise zu setzen als in Online-Vertriebskanälen. Dementsprechend liegen diese Quoten von Studenten/Managern signifikant über dem Zufallswert (= 50,00 %; $z_{Studenten}$ = 6,58, p < 0,01; $z_{Manager}$ = 2,89, p < 0,01).

		Studenten (n = 175)			Manager (n = 350)		
Preisoptionen (Zufall)		Szenario 1 Basic Setting n = 65	Szenario 2 Nachfrageanstieg n = 58	Szenario 3 Elastizitätsanstieg n = 52	Szenario 1 Basic Setting n = 128	Szenario 2 Nachfrageanstieg n = 104	Szenario 3 Elastizitätsanstieg n = 118
Optimale Preisentscheidung (binär kodiert) 1 (16,67 %)	Ja	20 %	14 %	12 %	27 %	21 %	17 %
	Nein	80 %	86 %	88 %	73 %	79 %	83 %
Verteilung der Preisentscheidungen auf die Preisoptionen 1-6 (die Reihenfolge der Preisoptionen wurde im Zuge des Experiments randomisiert)							
Tendenz zu niedrigen Preisen/ zu geringer Nachfrageorientierung 3, 4, 5, 6 (66,67 %)	Ja	57 %	50 %	48 %	54 %	50 %	50 %
	Nein	43 %	50 %	52 %	46 %	50 %	50 %
Fehlinterpretation von Kreuzkanaleffekten 3, 4, 5, 6 (66,67 %)	Ja	-		48 %	-		50 %
	Nein			52 %			50 %
Tendenz zu statischen Preisen 3, 4 (33,33 %)	Ja	20 %	11 %	12 %	22 %	19 %	15 %
	Nein	80 %	89 %	88 %	78 %	81 %	85 %
Tendenz zu Offline-Preispremium 2, 4, 6 (50,00 %)	Ja	72 %	72 %	81 %	51 %	66 %	57 %
	Nein	28 %	28 %	19 %	49 %	34 %	43 %

Tabelle 3.7: Deskriptive Ergebnisse

3.5.2 *Logistische Regressionsanalyse*

Um mögliche Ursachen für die systematischen Abweichungen von Studenten und Managern von der optimalen Preisentscheidung zu identifizieren, wurde eine logistische Regressionsanalyse mit der binären abhängigen Variable Entscheidungsqualität (optimale Entscheidung = 1) durchgeführt.

Als Dummy-Variable wurde dazu zunächst die Komplexität der Marktbedingungen (S2, S3) mit einbezogen, die über Unterschiede im Preisentscheidungsverhalten der Probanden über die Szenarien hinweg Aufschluss geben sollte. Als unabhängige Variablen dienten, auf Basis der formulierten Hypothesen, die Langzeitorientierung/Kurzsichtigkeit von Probanden, ihre individuelle Risikoeinstellung, ihr (Über-)Vertrauen, ihre Pricing-Expertise, ihr Entscheidungsstil und ihr Involvement. Als Kontrollvariablen wurden die persönliche Nutzung von Entscheidungsunterstützungssystemen (Ja = 1; Nein = 0), Handels-Expertise (Branchen-Dummy: 1 = Handel; 0 = Rest) und Arbeitserfahrung (in Jahren) mit einbezogen. Varianzinflationsfaktoren < 4 zeigen an, dass keine hohe Multikollinearität vorliegt (vgl. Hair et al. 2006).

Im Studentenexperiment wurde zudem für Studienfach, Ausbildungsniveau, Alter, Geschlecht und Entscheidungszeit kontrolliert, im Managerexperiment für die Nutzung von Entscheidungsunterstützungssystemen in dem Unternehmen des Probanden, Ausbildungsniveau, Alter, Geschlecht und Entscheidungszeit. Diese Kontrollvariablen fanden jedoch keine Berücksichtigung im finalen Regressionsmodell, da sie keine signifikanten Effekte zeigten. Wie den AIC-, BIC-, und Pseudo-R^2-Werten zu entnehmen ist, weist das Managermodell im Vergleich zum Studentenmodell eine deutlich schlechtere Modellgüte auf (vgl. Tabelle 3.8).

Die negativen Vorzeichen der Koeffizienten von S2 und S3 in beiden Stichproben in Tabelle 3.8 weisen darauf hin, dass im Vergleich zu S1 eine geringere Anzahl an Studenten und Managern die (modellbasierte) optimale Preisoption in S2 und S3 wählte. Im Speziellen war die Wahrscheinlichkeit einer optimalen Preisentscheidung bei Studenten und Managern in S3 signifikant niedriger als in S1 und S2 ($b_{Studenten}$ = -0,986, $p < 0,10$; $b_{Manager}$ = -0,637, $p < 0,05$). Dieses Ergebnis bestätigt, dass Probanden bei ihrer Preisentscheidung stärker vom Modelloptimum abweichen, wenn die Komplexität der Marktbedingungen zunimmt.

Hinsichtlich der Tendenz von Vertriebsmanagern, im Verhältnis zu optimalen Preisen zu niedrige Preise zu setzen (Hypothese 1), zeigt das positive Vorzeichen der Langzeitorientierung in beiden Stichproben, dass ein weitsichtiges (der Kurzsichtigkeit entgegengesetztes) Verhalten einen positiven Effekt auf die Qualität der Preisentscheidung hat. Langzeitorientierung wirkt folglich dem Risiko von zu niedrigen Preisen entgegen. Der Effekt ist jedoch statistisch nicht signifikant. Vergleicht man beide Stichproben, zeigten Manager eine höhere Langzeitorientierung bzw. ein geringes Kurzsichtigkeitsniveau (Welch's $t = -4,31$, df $= 295$, $p < 0,01$) (vgl. Tabelle 3.6). Zudem steigt die Wahrscheinlichkeit, die gewinnmaximierende Preisoption zu wählen, mit dem Grad an Risikofreude an, die sich nicht signifikant zwischen den beiden Stichproben unterschied (Welch's $t = -0,33$, df $= 340$, $p = 0,59$) (vgl. Tabelle 3.6). Dies deutet darauf hin, dass ein gewisses Niveau an Risikofreude bzw. ein geringeres Niveau an Risikoaversion tendenziell förderlich für die Preisentscheidungsqualität ist. Dieser Effekt kann in beiden Stichproben beobachtet werden und ist bei den Studenten signifikant ($b_{Studenten} = 0,303$, $p < 0,10$; $b_{Manager} = 0,151$, $p = 0,14$). Somit ist es möglich, die Ergebnisse früherer Studien (vgl. z. B. Colombo/Labrecciosa 2012; Xu et al. 2014) zu bestätigen, die zeigen, dass Risikoaversion in niedrigeren Preisen und geringeren Gewinnen resultiert. Folglich kann Risikofreude bei Managern nützlich sein, da es das Risiko des Vertrautheits- und Status Quo-„Bias" reduziert.

Im Hinblick auf Hypothese 2a deuteten die deskriptiven Ergebnisse darauf hin, dass ein geringer Grad an Nachfrageorientierung ein wesentlicher Treiber für die Tendenz von Studenten und Managern ist, die Preise nicht ausreichend an Nachfragedynamiken anzupassen. Hierbei werden die deskriptiven Ergebnisse um den Aspekt des Übervertrauens (der Selbstüberschätzung) erweitert. Die Studenten, die eine der fünf unterlegenen Preisoptionen wählten, zeigen ein signifikant höheres Vertrauen in ihre Preisentscheidung verglichen mit den Studenten, die die optimale Preisoption wählten (vgl. Tabelle 3.8). Dies könnte auf ein Übervertrauen in die eigenen Fähigkeiten hindeuten (vgl. Bazerman/Moore 2012). Interessanterweise tritt dieser Effekt in umgekehrter Form bei Managern auf, die bei einem höheren Vertrauen in ihre Entscheidungen signifikant häufiger die optimale Preisoption wählten ($b_{Studenten} = -0,335$, $p < 0,10$; $b_{Manager} = 0,230$, $p < 0,10$).

Dazu kommt, dass Manager im Vergleich zu Studenten insgesamt ein deutlich höheres Selbstvertrauen bei der Preisentscheidung zeigten (Welch's $t = -10,54$, df $= 279$, $p < 0,01$) (vgl. Tabelle 3.6). Obwohl das Problem des Übervertrauens nicht für die Manager bestätigt werden kann, hatte die selbst beurteilte Pricing-Expertise einen signifikant negativen Effekt auf die Wahl der gewinnmaximierenden Preisoption ($b_{Manager}$ = -0,236, p < 0,05). Dazu kommt, dass die der Handelsbranche eigentlich zuzurechnende Preisgestaltungs-Expertise (Handels-Expertise) ein negatives Vorzeichen aufweist. Beides könnten indirekte Indikatoren für Übervertrauen sein.

Im Zuge der Herleitung von Hypothese 2b wurde der intuitive bzw. emotionale Entscheidungsstil von Managern als ein relevanter Treiber von statischer Preissetzung charakterisiert. Vergleicht man beide Stichproben, wird deutlich, dass sowohl Studenten als auch Manager einen Entscheidungsstil zwischen den zwei Extremen rational vs. emotional aufwiesen, und sich hierbei nicht signifikant unterschieden (Welch's t = -0,66, df = 371, p = 0,51) (vgl. Tabelle 3.6). Dementsprechend zeigten auch die Regressionsergebnisse für beide Stichproben ähnliche Ergebnisse, insofern als der Entscheidungsstil (rational vs. emotional) keinen signifikanten Effekt auf die Preisentscheidungsqualität hatte. Dies könnte mit dem negativen und für die Studenten statistisch signifikanten Effekt von Involvement auf die Preisentscheidungsqualität zusammenhängen ($b_{Studenten}$ = -0,421, p < 0,05; $b_{Manager}$ = -0,057, p = 0,69). Mit dem Grad an wahrgenommenem Involvement (signifikant negativ korreliert mit einem emotionalen Entscheidungsstil, vgl. Tabelle 3.6) verringert sich die Wahrscheinlichkeit, die gewinnmaximierende Preisoption zu wählen. Dies ist ein kontraintuitives Ergebnis, das die Komplexität von Preisentscheidungen in dynamischen Mehrkanalvertriebsumgebungen und den Bedarf an Entscheidungsunterstützungssystemen widerspiegelt.

Hypothese 3 konstatiert, dass Vertriebsmanager dazu tendieren, in Offline-Vertriebskanälen höhere Preise zu setzen als in Online-Vertriebskanälen, da letztere häufig als Bedrohung gesehen werden (vgl. Zhang et al. 2010). Die vorliegenden Ergebnisse deuten darauf hin, dass risikoaverse Manager tatsächlich dazu tendieren, sich an etablierte Verhaltensweisen zu halten (vgl. George et al. 2006), und folglich deutlich höhere Offline-Preise setzen. Tabelle 3.8 zeigt, dass Risikofreude positiv die Preisentscheidungsqualität beeinflusst, also das Risiko eines Offline-Preispremium-„Bias" verringert. In diesem Zusammenhang zeigten Manager eine signifikant niedrigere Tendenz zu einem Offline-Preispremium als Studenten (χ^2 = 14,05, p < 0,01) (vgl. Tabelle 3.7). Dies ist der zentrale Grund für die größere Zahl an Manager-Preisentscheidungen näher am Modelloptimum.

Variable	Einfluss auf die optimale Preisentscheidung von Studenten (Ja/Nein)			Einfluss auf die optimale Preisentscheidung von Managern (Ja/Nein)		
	Koeffizient (Standardfehler)	z-Wert	p-Wert (Signifikanz)	Koeffizient (Standardfehler)	z-Wert	p-Wert (Signifikanz)
Konstante	0,198 (1,808)	0,110	0,913	-1,544 (1,172)	-1,318	0,188
Szenario 2	-0,755 (0,542)	-1,394	0,163	-0,486 (0,327)	-1,485	0,138
Szenario 3	-0,986 (0,576)	-1,710	0,087*	-0,637 (0,323)	-1,969	0,049**
(Über-)Vertrauen	-0,335 (0,196)	-1,711	0,087*	0,230 (0,138)	1,664	0,096*
Entscheidungsstil	-0,109 (0,193)	-0,565	0,572	-0,067 (0,097)	-0,690	0,490
Involvement	-0,421 (0,186)	-2,261	0,024**	-0,057 (0,144)	-0,393	0,694
Langzeitorientierung	0,204 (0,195)	1,047	0,294	0,080 (0,152)	0,524	0,600
Risikofreude	0,303 (0,179)	1,697	0,089*	0,151 (0,103)	1,461	0,144
Pricing-Expertise				-0,236 (0,095)	-2,477	0,013**
Nutzung von DSS	-			0,125 (0,285)	0,438	0,662
Handels-Expertise				-0,572 (0,370)	-1,545	0,122
Arbeitserfahrung				-0,007 (0,020)	-0,374	0,709
AIC	151,24			376,12		
BIC	176,56			422,41		
Nagelkerkes Pseudo-R²	0,145			0,072		
Log-Likelihood	-67,62			-176,06		

Hinweise: DSS: Decision Support System/Entscheidungsunterstützungssystem. ***$p < 0,01$, **$p < 0,05$, *$p < 0,10$ (zweiseitiger Test).

Tabelle 3.8: Ergebnisse der logistischen Regression

3.6 Diskussion der Ergebnisse

3.6.1 Implikationen für die Forschung

Ausgangspunkt dieser Studie war die Beobachtung, dass Preisentscheidungen von Unternehmen und Vertriebsmanagern sehr komplex sind, da diese in immer differenzierteren und dynamischeren Vertriebsumgebungen getroffen werden müssen. Dementsprechend sind die Preisentscheidungen potentiell anfällig für systematische Urteilsverzerrungen. Diese Studie hatte zwei zentrale Ziele: (1) ein Entscheidungsunterstützungssystem zu entwickeln und zu evaluieren, das sich zur Optimierung der dynamischen Preisgestaltung in komplexen Mehrkanalsystemen eignet und (2) die Vorhersagen des Entscheidungsunterstützungssystems hinsichtlich gewinnmaximierender Preise mit den Urteilen von Managern zu vergleichen. Hierzu wurden Hypothesen bezüglich der systematischen Abweichung („Manager vs. Modell") von gewinnmaximierenden Preisen entwickelt.

Erstens füllt diese Studie die Forschungslücke dynamischer Preissetzungsmodelle für komplexe Mehrkanal-, Mehrprodukt-, und „Mehrkonsumenten"-Umgebungen, für die in der Vertriebsliteratur ein Bedarf besteht (vgl. Agatz/Fleischmann/van Nunen 2008; Huang/Swaminathan 2009). Hierbei wird ebenfalls die Forderung von Kopalle et al. (2009) und Zhang et al. (2010) nach Entscheidungsunterstützungssystemen adressiert, die es ermöglichen, die Aspekte der Preissetzung, Verkaufsförderung und Lagerbestandsplanung über verschiedene Vertriebskanäle und Zeitperioden hinweg gemeinsam zu optimieren. Das entwickelte Modell erlaubt es, den optimalen Herstellerabgabe- und Einzelhandelspreis pro Vertriebskanal, Produkt, Konsumentensegment und Periode zu bestimmen. Dies schließt auch den optimalen Zeitpunkt sowie Betrag der Preisänderung mit ein und kann beispielsweise für die Planung von Verkaufsförderungsaktionen hilfreich sein. Hierbei ermöglicht es das Modell, verschiedene Marktbedingungen zu berücksichtigen. Dazu zählen beispielsweise Veränderungen der Verhandlungsmacht oder der Konsumenten- und Kostenstrukturen von Händlern. Darüber hinaus können auch die optimalen Produktions- und Lagerbestandsmengen des Herstellers bestimmt werden. Im Hinblick auf die Leistungsfähigkeit des Modells beträgt die Optimalitätslücke in der Testanwendung, die mit Prognosedaten eines Herstellers langlebiger Konsumgüter für zwei Vertriebskanäle, drei Produkte und zwei Konsumentensegmente für die kommenden zwölf Monate kalibriert wurde, 1,5 % nach fünf Sekunden.

Zweitens werden verhaltenswissenschaftliche Aspekte bei Managemententschei-
dungen adressiert, was in Bezug auf die dynamische Preissetzung noch weitgehend
unerforscht ist (vgl. Chen/Chen 2015). In zwei Experimenten mit 175 Studierenden
der Wirtschaftswissenschaften und 350 Marketing- und Vertriebsmanagern werden
die Prognosen des entwickelten Entscheidungsunterstützungssystems mit den Urteilen von Studenten und Managern verglichen. Dazu wurden Hypothesen bezüglich
möglicher systematischer Abweichungen der Preisentscheidungen von einem Modelloptimum formuliert und überprüft, ob diese zustande kommen und unter welchen
Bedingungen diese Abweichungen wahrscheinlicher sind. Dementsprechend leistet
diese Analyse auch einen Beitrag zur verhaltenswissenschaftlichen Pricing-Literatur,
indem Urteils- und Entscheidungsverzerrungen aufgedeckt werden, die eine zentrale
Rolle bei Preisentscheidungen von Managern in komplexen und dynamischen Vertriebsumgebungen spielen.

Zunächst zeigen die Ergebnisse, dass die Mehrzahl der Probanden, 85 % der Stu-
denten und 78 % der Manager, von den gewinnmaximierenden Lösungen des Entscheidungsunterstützungssystems abweichen. Die Ergebnisse einer logistischen
Regression deuten darauf hin, dass die Entscheidungsqualität der Probanden mit der
Komplexität der Marktbedingungen abnimmt. In dieser Hinsicht können die folgenden
potentiellen Treiber für Abweichungen der Preisentscheidungen von Managern vom
Modelloptimum ausgemacht werden: Es werden frühere Studien in unterschiedlichen
Kontexten bestätigt (vgl. z. B. Colombo/Labrecciosa 2012; Mizik 2010), indem gezeigt wird, dass Manager aufgrund von Kurzsichtigkeit, Risikoaversion und Fehlinterpretation von Kreuzkanaleffekten zu zu niedrigen Preisen tendieren. Zudem kann
eine geringe Nachfrageorientierung sowie einer Überschätzung der eigenen Han-
dels- und Pricing-Expertise dazu führen, Preise nicht ausreichend an Nachfragedynamiken anzupassen (vgl. z. B. Bazerman/Moore 2012). Manager besitzen überdies
häufig eine Tendenz zu einem Offline-Preispremium und setzen in Offline-
Vertriebskanälen höhere Preise als in Online-Vertriebskanälen. Zentral hierbei sind
Risikoaversion und eine Neigung dazu, sich oft an fest etablierte Verhaltensweisen
zu halten, wenn sie mit Bedrohung konfrontiert sind (vgl. z. B. George et al. 2006).

Darüber hinaus können zentrale Unterschiede und Gemeinsamkeiten zwischen den
Preisentscheidungen von Studenten und Managern gezeigt werden. Insgesamt waren die Entscheidungen von Managern näher am Modelloptimum, insbesondere auf-

grund einer im Vergleich geringeren Tendenz zu einem Offline-Preispremium. Zudem zeigten die Manager signifikant mehr Vertrauen in ihre Preisentscheidungen. Keine signifikanten Unterschiede konnten bezüglich Entscheidungsstil (rational vs. emotional) und Risikofreude ausgemacht werden.

3.6.2 Implikationen für die Unternehmenspraxis

Die erste praktische Implikation dieser Studie ist, dass Vertriebsmanager, die das entwickelte Entscheidungsunterstützungssystem nutzen, von Nachfragedynamiken, Kreuzkanaleffekten und dem optimalen Zeitpunkt für Preisanpassungen (einer optimalen Verkaufsförderungspolitik) profitieren können. Dies kann insbesondere hilfreich für Hersteller im Kontext von Jahresvereinbarungen mit ihren Schlüsselkunden sein. Hierbei ist die Optimierung der Zielfunktion des Modells (basierend auf dem gesamten Vertriebssystem) im Interesse aller beteiligten Parteien. Dies könnte die Motivation der Händler erhöhen, Informationen über vergangene Nachfrage, Aktionen anderer Hersteller und Händler oder zukünftige Entwicklungen zu teilen, was wiederum die Modellqualität erhöht. Schließlich unterstreicht die Leistungsfähigkeit des Modells (geringe Lösungszeit und Optimalitätslücke) die hohe Praxistauglichkeit.

Zweitens adressiert diese Studie das aktuelle Thema „Big Data", die Verfügbarkeit großer digitaler Datenmengen, sowie die Suche nach Instrumenten, diese Daten effektiv zu nutzen (vgl. Chen/Chen 2015). Das entwickelte Optimierungsmodell ermöglicht es Unternehmen, die vorhandenen Marktinformationen nutzbar zu machen, indem es eine feine Segmentierung von Vertriebskanälen, Produkten und Konsumentensegmenten gestattet. Dies erlaubt, die optimalen Preise auf einer Mikroebene zu bestimmen, und erhöht den Grad an „Customization", beispielsweise mittels kundenspezifischer Verkaufsförderungsaktionen. Dies wiederum kann zu einem Anstieg der Gewinne führen (vgl. Venkatesan/Farris 2012).

Drittens hat diese Studie das Potential, Unternehmen bezüglich dynamischer Preissetzung in komplexen und dynamischen Vertriebsumgebungen von Entscheidungen auf Basis von Intuition, Erfahrung und mentalen Modellen hin zur Nutzung von Entscheidungsunterstützungssystemen zu bewegen. Die Studie legt nahe, dass das entwickelte Entscheidungsunterstützungssystem Preisentscheidungen signifikant verbessern kann, indem systematische Urteilsverzerrungen verhindert werden. Dies könnte – wie von Power/Sharda (2007) gefordert – zu einer breiteren Anwendung von Entscheidungsunterstützungssystemen in der Praxis führen.

Schließlich schärft diese Studie das Bewusstsein für die systematischen „Biases" sowie gewinnreduzierenden Verhaltensweisen bei Preisentscheidungen von Managern und könnte so eine Verhaltensänderung herbeiführen. Durch die Einbeziehung der positiven Aspekte der Langzeit- und Nachfrageorientierung sowie der Gefahren von Risikoaversion, Übervertrauen oder eines emotionalen Entscheidungsstils können sich die Preisentscheidungen von Managern kontinuierlich verbessern.

3.6.3 *Limitationen und Anknüpfungspunkte zukünftiger Forschungsarbeiten*

Neben den Beiträgen unterliegt diese Untersuchung gewissen Limitationen, die Ansatzpunkte für zukünftige Forschung liefern. Erstens unterliegt das entwickelte Modell, trotz der Berücksichtigung zahlreicher relevanter Geschäftsregeln, idealisierten Marktbedingungen, um so die Modellierbarkeit und die analytische Steuerbarkeit zu gewährleisten. Das Modell könnte erweitert werden, indem strategisches Verhalten sowie Lerneffekte von Konsumenten oder Interaktionen zwischen Vertriebskanälen im Entscheidungsprozess von Konsumenten berücksichtigt werden (vgl. Chen/Chen 2015; Huang/Swaminathan 2009; Liu/Zhang 2013). Zudem könnte die zukünftige Forschung auch Korrelationen zwischen der Nachfrage verschiedener Produkte abbilden (vgl. Caro/Gallien 2012). Im Einklang mit Talluri/van Ryzin (2004) wurde angenommen, dass monopolistische Modelle die Effekte von Wettbewerb in gewisser Weise mit einbeziehen, da die Parameterwerte der Monopolmodelle auf Daten basieren, die unter Wettbewerb erhoben wurden. Cooper et al. (2015) zeigt allerdings, dass diese Hypothese nicht allgemeingültig ist.

Zweiten kann diese Studie beispielsweise über den Status Quo-„Bias" nur mutmaßen, da dieser indirekt über den geringen Nutzungsgrad von Entscheidungsunterstützungssystemen von Managern bzw. deren emotionalen Entscheidungsstil abgeleitet wurde. Dementsprechend könnten zukünftige Studien explizit die „Biases" operationalisieren, die in dieser Studie indirekt gemessen wurden.

Drittens zeigen Hutchinson/Meyer/Brenner (2016), dass sich Individuen bei der ersten Entscheidung (mit einer Entscheidungsqualität nur knapp über dem Zufall) schwertun. Allerdings sind die Entscheidungen in der zweiten und in nachfolgenden Runden nahe am normativen Modell. Folglich könnte ein „One-Shot-Game" gewisse Limitationen haben, wenn es um die Entscheidungsqualität der Probanden geht. Zukünftige Forschung könnte demnach einen stärkeren Fokus auf wiederholte Preisentscheidungen bzw. Lerneffekte legen.

Trotz der genannten Limitationen stellt diese Studie an der „Marketing Operations"-Schnittstelle einen ersten Schritt dar, um Mehrkanal-Preisentscheidungen zu verbessern. Die gewonnenen Erkenntnisse tragen zur Literatur in den Feldern Vertriebskoordination, dynamische Preissetzung und Entscheidungsverhalten von Managern bei, indem ein Entscheidungsunterstützungssystem für Preisentscheidungen in komplexen und dynamischen Vertriebsumgebungen entwickelt und systematische Urteilsverzerrungen aufgezeigt wurden. Die entwickelten Hypothesen bieten die Basis für weitere zukünftige analytische und empirische Forschungsarbeiten. Insbesondere sollte das entwickelte Entscheidungsunterstützungssystem empirisch validiert werden. Ein Fallbeispiel mit echten Daten, die alle Vertriebskanäle, Produkte und Konsumentensegmente eines oder mehrerer Unternehmen umfassen, wäre eine sinnvolle Ergänzung dieser Studie.

4 Determinanten der Popularität von Online-Schnäppchen

4.1 Einleitung

Online-Schnäppchen-Communities erfreuen sich derzeit großer Popularität. In diese können Mitglieder Schnäppchen einstellen, die von Herstellern oder Händlern angeboten werden, und sich zudem austauschen. So verfügt beispielsweise HotUKDeals, die größte Schnäppchen-Seite in Großbritannien, über 1,2 Millionen Mitglieder und lag auf Platz 75 der am meisten besuchten Webseiten des vereinigten Königreichs im September 2016 (vgl. Alexa 2016a; Faull 2015). Nahezu gleichermaßen beliebt ist der deutsche Gegenpart myDealZ, der im gleichen Zeitraum auf Platz 101 der am meisten besuchten Webseiten in Deutschland lag (vgl. Alexa 2016b). Im Wesentlichen gibt es zwei zentrale Gründe für die Popularität dieser Communities.

Erstens stärkt die Vielzahl an Preisaktionen von Herstellern und Händlern das Wachstum von Online-Schnäppchen-Communities. So gibt Samsung beispielsweise jährlich rund 4,6 Milliarden US-Dollar für Marketingaktivitäten aus, die darauf abzielen, Verkaufszahlen zu steigern, indem Coupons verteilt und Rabatte gegeben werden (vgl. Reed 2013). Preisaktionen sind dabei das effektivste Mittel, um kurzfristig Verkaufszahlen zu steigern (vgl. z. B. Eisend 2015; Leeflang/Parreño-Selva 2012). So zeigen Preisaktionen eine um bis zu 20-mal höhere Preiselastizität im Vergleich zu Werbemaßnahmen (vgl. Sethuraman/Tellis 1991).

Zweitens sind Online-Communities, zu denen auch die Schnäppchenportale gehören, wichtige Informationsquellen für Konsumenten, die Käufe initiieren oder vereinfachen (vgl. z. B. Cheung/Xiao/Liu 2014; Godes/Mayzlin 2004). Konsumenten betrachten Meinungen und Bewertungen anderer Konsumenten als glaub- und vertrauenswürdiger als Informationen, die direkt von Firmen bereitgestellt werden (vgl. Bae/Lee 2011; Benlian/Tiah/Hess 2012). Dementsprechend engagieren sie sich in Online-Communities und tauschen aktiv Erfahrungen und Bewertungen über Produkte, Marken und Händler aus (vgl. Fiedler/Sarstedt 2014; Li et al. 2011). Der Hauptzweck von Online-Schnäppchen-Communities ist es dabei, firmenunabhängige Informationen über die besten Schnäppchen von anderen Konsumenten zu erhalten (vgl. Thompson/Gooner/Kim 2015; Zhang/Jiang 2014). In dieser Hinsicht imitieren sie viele der Funktionen traditioneller Mundpropaganda, aber unterscheiden sich im Hinblick auf einen höheren Grad an Anonymität und eine höhere Verbreitungsgeschwindigkeit (vgl. Cheung/Lee 2012; Godes et al. 2005).

Die Effektivität von Online-Schnäppchen-Communities hängt entscheidend davon ab, wie attraktiv die geposteten Schnäppchen von den Communitymitgliedern empfunden werden. Im Allgemeinen erhalten die Schnäppchenportalbetreiber eine Provision, wenn ihre Nutzer auf einen Schnäppchenlink klicken oder das Schnäppchenangebot kaufen. Zusätzlich zu der Kommentarfunktion, die es Nutzern ermöglicht, ihre Meinungen über Schnäppchen auszutauschen, integrieren viele Schnäppchen-Communities auch leicht(er) ersichtliche Indikatoren für die Schnäppchenpopularität bei anderen Nutzern. Auf den führenden Schnäppchenseiten wird die Popularität von Schnäppchen als Differenz zwischen der Anzahl an „hot"- (positiven) und „cold"- (negativen) Votes (Stimmen) der Communitymitglieder angezeigt. Wenn Communitymitgliedern bestimmte Angebote als besonders verlockend erscheinen, wird die Mehrzahl das Schnäppchen als „hot" bewerten und es wird im Einstieg der Schnäppchenseite erscheinen. Dementsprechend ist die Popularität eines Schnäppchens gleichzeitig auch ein Signal für den durch andere Communitymitglieder empfundenen Wert des Schnäppchens. Folglich hat die Schnäppchenpopularität einen Einfluss auf die Kaufentscheidung anderer Konsumenten und kann zu einem sogenannten „Bandwagon-Effekt" bzw. Mitläufereffekt führen. Dieser bedeutet im Kontext dieser Studie, dass Konsumenten ein Schnäppchen als gutes und preiswertes Angebot wahrnehmen, wenn es viele andere als „hot" bewerten. Tatsächlich gibt es einen positiven Zusammenhang zwischen Schnäppchenpopularität und der Kaufwahrscheinlichkeit, da Popularitätssignale Bedenken von Konsumenten hinsichtlich Qualität abschwächen können (vgl. Luo et al. 2014; Wang/Zhao/Li 2013).

Allerdings sind Studien, welche die relevanten Determinanten der Schnäppchenpopularität untersuchen, noch rar. Dies gilt insbesondere für Schnäppchen, die von Nutzern erstellt wurden, oder – allgemeiner ausgedrückt – im Kontext nutzergenerierter Inhalte, so genannten User Generated Content (vgl. Scholz et al. 2013; Yadav/Pavlou 2014; Zhang/Jiang 2014). Frühere Studien haben sich auf Schnäppchen fokussiert, die von Händlern oder Plattformbetreibern selbst (wie im Falle von Groupon) eingestellt wurden, oder haben die Popularität von Online-Verkäufern auf Marktplätzen untersucht (vgl. z. B. Ou/Chan 2014). Online-Schnäppchen-Communities unterscheiden sich allerdings davon, da sie es nur „echten" Konsumenten erlauben, die nicht in etwaige Verkaufsförderungsaktionen involviert sind, Schnäppchen beizusteuern.

Intuitiv betrachtet kann die Schnäppchenpopularität zu einem großen Teil dem Schnäppchenpreis zugeschrieben werden. Allerdings könnten hohe Rabatte, wenngleich sie für preisbewusste Konsumenten reizvoll erscheinen mögen, Bedenken hinsichtlich der Produktqualität hervorrufen (vgl. Ba/Pavlou 2002). Frühere Studien zeigen, dass mit ansteigendem Preisnachlass die Verkaufszahlen sogar zurückgehen können (vgl. Cao/Hui/Xu 2015). Dazu kommt, dass der Schnäppchenpreis alleine nicht ausreichen könnte, um die Attraktivität oder den Wert eines Schnäppchens beurteilen zu können. So könnten Konsumenten nach zusätzlichen Hinweisen suchen, wie etwa der Reputation des Schnäppchenerstellers, um sich eine endgültige Meinung über die Schnäppchenqualität zu bilden.

Dementsprechend hat diese Untersuchung zum Ziel, ein besseres Verständnis für die Treiber der Popularität von nutzergenerierten Schnäppchen in Online-Schnäppchen-Communities zu erlangen. Insbesondere wird ein Forschungsmodell entwickelt, das auf der Signaling- und der Social Influence-Theorie basiert und anhand dessen die Popularität von Schnäppchen erklärt und empirisch überprüft wird. Dabei stützt sich diese Studie auf eine Stichprobe von nutzergenerierten Schnäppchen für zwei Produktkategorien der Community myDealZ, die der deutsche Gegenpart zu HotUKDeals und dementsprechend sehr ähnlich aufgebaut ist (vgl. Abbildung 4.1).

In Übereinstimmung mit der der Signaling-Theorie von Akerlof (1970) werden verschiedene Schnäppchencharakteristika identifiziert, die dabei helfen, die Unsicherheit von Konsumenten zu reduzieren, und die es ihnen ermöglichen, den zugrunde liegenden Wert eines Schnäppchens zu beurteilen. Es wird zwischen intrinsischen Qualitätssignalen, die sich auf den Inhalt eines Schnäppchens und den Schnäppchenersteller beziehen, und extrinsischen Qualitätssignalen, die sich auf Informationen aus externen Quellen beziehen, differenziert. „Intrinsische Signale" sind dabei einfacher zugänglich, da sie direkt auf der Schnäppchenseite verfügbar sind, während „extrinsische Signale" mit einem höheren Verarbeitungsaufwand verbunden sind, da Konsumenten zusätzlich nach Informationen suchen müssen, um an sie zu gelangen (vgl. Anderson/Engledow/Becker 1979; Beatty/Smith 1987).

Abbildung 4.1 zeigt ein Beispiel für ein populäres Schnäppchen in einer der größten Schnäppchen-Communities, HotUKDeals. Verschiedene Attribute, sprich intrinsische Qualitätssignale, erscheinen auf der Schnäppchenseite. Dazu gehören Schnäppchen- und Schnäppchenerstellereigenschaften ebenso wie Produkt- und Händlerinformationen. Im linken oberen Eck ist das Abstimmungsergebnis für die Schnäppchenpopularität als die Differenz zwischen „hot"- und „cold"-Votes (Stimmabgaben) zu sehen. Dabei können Communitymitglieder nur einmal über die Attraktivität eines Schnäppchens abstimmen. Der Titel des Schnäppchens enthält in der Regel eine kurze Produktbeschreibung, den Namen des Händlers und den Schnäppchenpreis. Darunter zu sehen sind Informationen über den Schnäppchenersteller und ein Link zu dessen Profil, das Informationen über die Mitgliedschaft des Nutzers (Dauer, Anzahl seiner Kommentare etc.) sowie Informationen zu seinem Status bereithält. Hierbei wird unter anderem zwischen professionellen „Schnäppchenjägern", die von dem Betreiber der Schnäppchen-Community bestimmt werden, und gewöhnlichen Nutzern unterschieden. Die Schnäppchenbeschreibung darunter kann Informationen zum Start- und Endzeitpunkt des Schnäppchenangebots, eine detailliertere Produktbeschreibung, einen Referenzpreis basierend auf Preisvergleichsseiten, Informationen über Händler und Versandkosten etc. enthalten. Die Gesamtzahl an Kommentaren links unten zeigt alle Kommentare, die sich auf das jeweilige Schnäppchen beziehen.

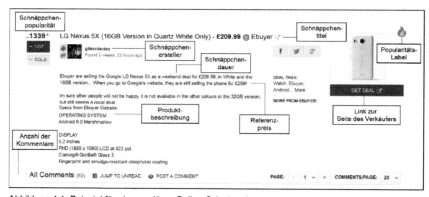

Abbildung 4.1: Beispiel für ein populäres Online-Schnäppchen

Mit dieser Studie soll sowohl das theoretische als auch das praktische Wissen über Online-Schnäppchen-Communities erweitert werden. Erstens wird, aufbauend auf der Signaling- und der Social Influence-Theorie, das Verständnis des Abstimmungsverhaltens in Online-Schnäppchen-Communities erweitert. Zweitens trägt diese Studie zur Erhöhung der Attraktivität von Online-Schnäppchenportalen bei, indem sie Handlungsempfehlungen gibt, welche Einflussfaktoren den Wert von Schnäppchen für die Communitymitglieder bestimmen. Im Falle von überwiegend populären Schnäppchen hätten Konsumenten einen geringeren Anreiz, um nach zusätzlichen Informationen anderorts zu suchen, um so ihre Unsicherheit über das rabattierte Produkt zu verringern. Folglich würde die Nutzerzufriedenheit und -bindungsrate steigen. Überdies kann das entwickelte Modell dazu genutzt werden, ein Mindestmaß an erreichbarer Popularität eines geposteten Online-Schnäppchens vorherzusagen, das bislang noch keine Stimmen erhalten hat. Jedes neue Schnäppchen könnte so einen prognostizierten Popularitätswert erhalten. Auf dieser Basis würde der Schnäppchenersteller ein sofortiges Feedback bekommen, wie er das gepostete Schnäppchen vielleicht noch attraktiver für die Community machen und was er konkret verbessern könnte. Schließlich sind die Ergebnisse auch für Hersteller und Händler relevant, da sie Erkenntnisse liefern, wie man effektive Preisaktionen gestaltet.

4.2 Konzeptioneller Hintergrund

4.2.1 *Online-Communities*

Online- oder virtuelle Communities vereinfachen den Informationsaustausch unter den Teilnehmern und maximieren die Wissensbasis der Communitymitglieder. In Übereinstimmung mit Gopal et al. (2006) werden Online-Communities untersucht, deren Schwerpunkt der Austausch von Informationen zu verschiedenartigen Preisaktionen bei Konsumartikeln ist, und die sich dabei primär auf nutzergenerierte Inhalte stützen. In Abgrenzung zu „Social Commerce"- oder „Group Buying"-Webseiten wie Groupon, auf denen Hersteller und Händler direkt ihre Schnäppchenangebote bewerben, sind Schnäppchen-Communities nicht formal organisiert und liegen nicht im Einflussbereich von Unternehmen (vgl. Libai et al. 2010). Demensprechend werden Schnäppchen von Communitymitgliedern gepostet. Mitglieder der Schnäppchen-Community können sich aber auch ausschließlich auf das Bewerten von Schnäppchen beschränken, um so ihre Sichtweise über den Wert bzw. die Begehrtheit eines Schnäppchens kundzutun. Die besten („heißesten") Schnäppchen werden dann prominent auf der Einstiegsseite der Schnäppchen-Community angezeigt.

Dholakia/Bagozzi/Paero (2004) unterscheiden sieben Motive der Teilnahme an Online-Communities. Insbesondere der Informationswert (Informationen bekommen und teilen), der instrumentelle Wert (Problemlösung, Ideengenerierung, Beeinflussung anderer) und die Aufwertung der sozialen Stellung (Akzeptanz und Anerkennung durch andere Mitglieder) spielen eine zentrale Rolle im Kontext von Online-Schnäppchen-Communities. Andere Gründe für die Teilnahme an Online-Schnäppchen-Communities sind zum einen verknüpft mit „Smart Shopper"-Gefühlen: Käufer attribuieren internen Faktoren den Grund für den Erhalt eines Schnäppchens und fühlen sich folglich wirkungsvoll (vgl. Schindler 1989). Zum anderen hat die verhaltensbezogene Preisforschung das Konzept des sogenannten „Price Mavenism" eingeführt. Dieses beschreibt den Grad, zu welchem ein Individuum über Wissen verfügt, an welchen Orten man welche Produkte zu den günstigsten Preisen beziehen kann, inwieweit es Preisgespräche mit anderen Konsumenten initiiert und wie es auf Anfragen anderer zu Preis- und Marktinformationen reagiert (vgl. Lichtenstein/Ridgway/Netemeyer 1993).

Liang et al. (2011) zeigen, dass sozialer Rückhalt und die Plattformqualität einen positiven Einfluss auf die Beteiligungsquoten in Online-Communities haben. Gegenseitiges Vertrauen unter Communitymitgliedern verstärkt die Loyalität gegenüber der Online-Plattform (vgl. Chen/Zhang/Xu 2009). Allerdings kann gegenseitiges Vertrauen durch Anonymität, ein vorherrschendes Merkmal im Online-Kontext, untergraben werden (vgl. Guadagno et al. 2013). In Anbetracht einer hohen Unsicherheit und eines ungenügenden Informationsstands könnten Nutzer nach Signalen oder zusätzlichen Hinweisen Ausschau halten, um die Produktqualität und die Vertrauenswürdigkeit eines Schnäppchenangebots festzustellen und folglich die Entscheidungssicherheit zu erhöhen (vgl. Ba/Pavlou 2002; Wells/Valacich/Hess 2011).

4.2.2 Qualitätssignale

Die Signaling-Theorie impliziert, dass Qualitätssignale Informationsasymmetrien zwischen zwei oder mehreren Parteien, wie zum Beispiel den Mitgliedern einer Online-Schnäppchen-Community, reduzieren können (vgl. z. B. Cheung/Xiao/Liu 2014; Connelly et al. 2011; Kirmani/Rao 2000). Li/Srinivasan/Sun (2009) nutzen beispielsweise die Signaling-Theorie, um die Beteiligung und das Bietverhalten von Konsumenten in Online-Auktionen zu erklären. Dabei unterteilen sie Online-Auktionen in Qualität der Auktion und Vertrauenswürdigkeit des Verkäufers und untersuchen, wie unterschiedliche Konsumenten auf diese Indikatoren reagieren. Luo/Ba/Zhang (2012) zeigen, dass Signale der Händlervertrauenswürdigkeit, wie beispielsweise Servicequalitätsindikatoren oder eine gut gestaltete Webseite, die negativen Effekte der Produktunsicherheit auf die Kundenzufriedenheit reduzieren können. Kuan/Zhong/Chau (2014) und Lee/Lee/Oh (2015) finden heraus, dass Informationen zu der Anzahl an „Facebook-

Likes" sowohl die Schnäppchenkaufintention von Konsumenten als auch ihre tatsächlichen Schnäppchenkäufe bei Groupon erhöhen. Ou und Chan (2014) fokussieren sich auf elektronische Märkte und identifizieren dabei institutionelle Qualitätssignale (z. B. die Reputation des Verkäufers oder Käuferschutzprogramme) und soziale Qualitätssignale (z. B. virtuelle Präsenz des Verkäufers oder Shop- und Produkt-„Tagging").

Während frühere Studien demnach bereits Qualitätssignale im Kontext von Online-Auktionen oder Online-Shops untersucht haben, fehlt es bislang noch an einer Untersuchung von Qualitätssignalen im Kontext von Online-Schnäppchen-Communities. Aufgrund der Besonderheiten von letztgenannten in Bezug auf Informationsasymmetrien und Vertrauen ist es wichtig zu untersuchen, ob die derzeitige Gestaltung von Online-Schnäppchen-Communities dazu beiträgt, Vertrauen unter Communitymitgliedern zu erhöhen und Unsicherheiten in der Schnäppchenbewertung durch Communitymitglieder zu verringern. Genauer gesagt werden die Treiber der Schnäppchenpopularität (ausgedrückt als Differenz zwischen der Anzahl an „hot"- und „cold"-Votes) in Online-Schnäppchen-Communities untersucht. Die Schnäppchenpopularität signalisiert den Wert eines Schnäppchens für die Community, die Begehrtheit des Schnäppchens bei den Nutzern und schließlich ihre Kaufintention (vgl. Luo et al. 2014).

Diese Studie untersucht, welche Faktoren die Schnäppchenpopularität treiben, oder anders ausgedrückt, auf welche Informationshinweise sich Nutzer verlassen, wenn sie den Wert eines Schnäppchens beurteilen und über seine Popularität abstimmen. Im Einklang mit früheren Studien (vgl. z. B. Li/Srinivasan/Sun 2009; Ou/Chan 2014) wird eine zweiteilige Klassifikation von Qualitätssignalen vorgenommen. So wird zwischen „intrinsischen Signalen" und „extrinsischen Signalen" differenziert (vgl. Abbildung 4.2). Erstere stellen Qualitätssignale dar, die direkt auf der Schnäppchenseite ersichtlich und somit leicht zugängliche Informationen hinsichtlich des Werts eines Schnäppchens sind (vgl. Abbildung 4.1). Im Speziellen beziehen sich intrinsische Signale auf den Inhalt des Schnäppchenangebots (Schnäppchenpreis, Höhe des Preisnachlasses, Anzahl der Kommentare, Produktbeschreibung, Versandkosten und Schnäppchendauer). In mehreren Online-Schnäppchen-Communities wird zwischen gewöhnlichen Nutzern und professionellen Schnäppchenjägern unterschieden. Letztere sind Nutzer, die von dem Betreiber der Schnäppchen-Community bestimmt werden, um unabhängig von Verkäufern, also Herstellern und Händlern, nach den besten Schnäppchen zu suchen.

Extrinsische Signale werden aus (Schnäppchen-Community-)externen Quellen bezogen (z. B. Kundenbewertungen der Produkte bei Amazon). Das bedeutet, dass sie als zusätzliche Informationen die Unsicherheit bei Konsumenten verringern können. Da es zum Teil schwierig sein kann, die Qualität und den Wert eines rabattierten Produkts lediglich auf Basis der Informationen zu bewerten, die vom Schnäppchenersteller bereitgestellt werden bzw. die im Schnäppchenportal zugänglich sind, suchen Nutzer gegebenenfalls nach zusätzlichen Informationen über das Produkt oder den Verkäufer an anderen Orten (vgl. Gu/Park/Konana 2012). Dies trifft insbesondere dann zu, wenn detaillierte Produkt- und Verkäuferinformationen in der Schnäppchenbeschreibung fehlen. In Übereinstimmung mit früheren Studien (vgl. z. B. Sen/Lerman 2007) wird angenommen, dass Konsumenten diese zusätzlichen Informationshinweise zu Produktqualität oder Gesamtzahl an Bewertungen auf Amazon und zur Reputation des Verkäufers (z. B. auf Preisvergleichsportalen) in ihre Beurteilungen einfließen lassen.

4.2.3 Sozialer Einfluss

In dieser Studie beschreibt der soziale Einfluss das Ausmaß, in dem Mitglieder von Online-Schnäppchen-Communities ihr Verhalten gegenseitig beeinflussen, um dem Verhaltenskonsens der Community zu entsprechen (vgl. Venkatesh/Brown 2001). Die Beobachtung, dass viele andere Nutzer ein Schnäppchen bewertet oder kommentiert haben, sollte einen Einfluss auf die jeweilige Beurteilung des Werts eines Schnäppchens durch den einzelnen Nutzer haben und damit dessen Kaufverhalten beeinflussen (vgl. Lee et al. 2011). Der sogenannte „Bandwagon"-Effekt beschreibt dabei die Tendenz, dem Verhalten von anderen zu folgen und die Informationen von anderen als gegeben hinzunehmen, ohne diese kritisch zu hinterfragen (vgl. Burnkrant/Cousineau 1975; Leal/Hor-Meyll/Pessôa 2014). Das Phänomen des „Bandwagon"-Effekts wurde bereits in zahlreichen Forschungsarbeiten untersucht. Es tritt zum Beispiel auf, wenn Einkäufe unter Individuen positiv korreliert sind (vgl. Miller/Fabian/Lin 2009). Ein weiteres Beispiel aus dem Kontext von Online-Mundpropaganda ist das Phänomen, dass Konsumenten häufig Meinungen posten, die den bereits vorhandenen Produktrezensionen sehr ähneln (vgl. Moe/Schweidel 2012). Dementsprechend führt sozialer Einfluss zu Konformität, was eine Veränderung von Einstellungen und Verhaltensweisen einschließt (vgl. Kuan/Zhong/Chau 2014). Somit könnten soziale Hinweise, wie beispielsweise die Kommentare anderer

Communitymitglieder, einen großen Einfluss auf die Schnäppchenpopularität nehmen. Abbildung 4.2 fasst das Forschungsmodell der Studie zusammen und differenziert dabei zwischen intrinsischen und extrinsischen Qualitätssignalen in Online-
Schnäppchen-Communities.

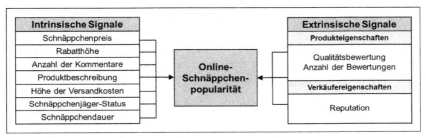

Abbildung 4.2: Forschungsmodell zur Online-Schnäppchenpopularität

4.3 Hypothesenentwicklung

Nachfolgend werden Hypothesen hinsichtlich des Einflusses von Qualitätssignalen
hergeleitet, die sich im Kontext von Online-Schnäppchen-Communities in intrinsische
und extrinsische Signale untergliedern lassen, und die wie in Abbildung 4.2 dargestellt Einfluss auf die Schnäppchenpopularität nehmen sollten.

4.3.1 Intrinsische Signale

Schnäppchenpreis und Rabatthöhe

Der Preis eines Produkts und folglich der Preis eines Schnäppchens nimmt eine Dop-
pelrolle in der Bewertung durch Konsumenten ein (vgl. Völckner 2008). Erstens repräsentiert der Preis ein monetäres Opfer für Konsumenten, das es zu erbringen gilt,
wenn sie ihre Konsumbedürfnisse stillen wollen. Dementsprechend weisen einige frühere Studien darauf hin, dass die Preishöhe einen negativen Einfluss auf die Kaufwahrscheinlichkeit hat (vgl. z. B. Erickson/Johansson 1985). Diesbezüglich zeigen
Song et al. (2016), dass teurere Produkte im Allgemeinen weniger populär im Online-
Schnäppchen-Kontext sind. Jedoch hat der Preis noch eine zweite Informationsfunkti-
on im Hinblick auf die Produktqualität. In dieser Hinsicht zeigen Ba/Pavlou (2002),
dass Konsumenten in elektronischen Märkten höhere Preise als einen Indikator für
eine höhere Produktqualität ansehen. Ferner sprechen Preise über dem Wettbe-
werbspreisniveau eher qualitätsbewusste Konsumenten an (vgl. Kayhan/McCart/
Bhattacherjee 2010).

Demzufolge sollte ein Schnäppchenangebot unter einem gewissen Preisniveau bzw. Schwellenwert als „zu billig" wahrgenommen werden; liegt der Preis über einem gewissen Preisniveau oder Schwellenwert, wird das Produkt aufgrund des hohen monetären Opfers als „zu teuer" eingestuft (vgl. Dodds 1995; Dodds/Monroe/Grewal 1991). Deshalb sollte mit einem Anstieg des Schnäppchenpreisniveaus der Wert eines Schnäppchens in der Konsumentenwahrnehmung zunächst steigen, allerdings nach Überschreitung eines gewissen Preisoptimums wieder sinken. Vor diesem Hintergrund wird eine quadratische (inverse U-)Beziehung zwischen dem Schnäppchenpreis und der Schnäppchenpopularität angenommen:

H1a: *Die Beziehung zwischen dem Schnäppchenpreis und der Online-Schnäppchenpopularität weist eine inverse U-Form auf.*

Die Rabatthöhe ist in dieser Studie definiert als die absolute Differenz zwischen dem Schnäppchenpreis und dem Referenzpreis, der vom Schnäppchenersteller gepostet wurde. Werden Konsumenten im Allgemeinen mit einem Schnäppchenpreis konfrontiert, so kann die Preisinformationsverarbeitung variieren – von einem kritischen Hinterfragen des Preises, gefolgt von einer extensiven Recherche bis hin zu einer unkritischen Preisakzeptanz (vgl. Hamilton/Chernev 2013). In Online-Schnäppchen-Communities werden allerdings der Schnäppchenpreis und der Referenzpreis von unternehmensunabhängigen Nutzern gepostet (vgl. Zhang/Jiang 2014). Dazu kommt, dass Online-Schnäppchen-Communities für sich beanspruchen, dass jegliche Art von Werbung oder Selbstvermarktung als Missbrauch angesehen und beteiligte Verkäufer gesperrt werden (vgl. z. B. HotUKDeals 2016). Dementsprechend besteht für Konsumenten kein weiterer Grund, beispielsweise Preissuchmaschinen heranzuziehen, um den vom Schnäppchenersteller bereitgestellten Referenzpreis zu validieren. Deshalb wird angenommen, dass sich Nutzer auf den Schnäppchen- und den Referenzpreis stützen, um die resultierende Kostenersparnis zu errechnen. In dieser Studie wird die Rabatthöhe entsprechend gemessen.

Frühere Studien liefern kein einheitliches Bild im Hinblick auf den Einfluss der Rabatthöhe auf die Schnäppchenpopularität. So zeigen Cao/Hui/Xu (2015), dass ein höherer prozentualer Rabatt, dargestellt als Ersparnis im Vergleich zum Originalpreis, zu einem Rückgang der Verkaufszahlen bei Groupon führt. Allerdings zeigt die Mehrzahl der Studien einen positiven Effekt der Rabatthöhe auf die Schnäppchenpopularität (vgl. z. B. Eisenbeiss et al. 2015; Luo et al. 2014; Song et al. 2016). In

Einklang mit der Mehrzahl der Studienergebnisse wird folgende Hypothese formuliert:

H1b: *Die Online-Schnäppchenpopularität steigt mit der Rabatthöhe.*

Anzahl der Kommentare

Bezugnehmend auf die Social Influence-Theorie sollten Dynamiken in Online-Schnäppchen-Communities zu „Bandwagon"-Effekten führen (vgl. Lee et al. 2011; Miller/Fabian/Lin 2009). Kuan/Zhong/Chau (2014) finden heraus, dass die Anzahl der Kommentare einen normativen sozialen Einfluss auf die Meinungen anderer ausüben kann. Sozialer „Buzz" oder Mundpropaganda in Verbindung mit bestimmten Schnäppchen könnte signalisieren, dass es das Schnäppchen wert ist, darüber zu sprechen. So sollte es auch die Aufmerksamkeit anderer Communitymitglieder auf sich ziehen.

Darüber hinaus kann meinungsbasierte soziale Information in Form von Mundpropaganda als ein Signal für Produktqualität angesehen werden, was die Verkaufszahlen verschiedener Konsumgüter positiv beeinflusst (vgl. Amblee/Bui 2011; Gu/Park/Konana 2012). In dieser Hinsicht kann eine hohe Kommentaranzahl von Communitymitgliedern dabei helfen, Unsicherheiten über den Wert eines Schnäppchens zu reduzieren (vgl. Dimoka/Hong/Pavlou 2012; Li/Hitt/Zhang 2011; Mudambi/Schuff 2010; Pavlou/Dimoka 2006). Daher wird folgende Hypothese formuliert:

H2: *Die Online-Schnäppchenpopularität steigt mit der Anzahl der Mitgliederkommentare.*

Schnäppchenbeschreibung

Die Verfügbarkeit von produktbezogenen Informationen reduziert sowohl das Risiko also auch die Notwendigkeit einer weiteren Online-Suche von Konsumenten (vgl. Granados/Gupta/Kauffman 2012; Li et al. 2014). Fehlen Informationen zur Produktqualität auf der Schnäppchenseite, können Konsumenten den Wert eines Schnäppchens nicht umfassend beurteilen. Folglich sind sie dazu gezwungen, an anderer Stelle nach Informationen zu dem Produkt zu suchen. Allerdings ist das Einholen von weiteren Hinweisen zur Bewertung, ob ein Produkt den eigenen Präferenzen entspricht, mit zusätzlichem Aufwand verbunden (vgl. Aydinli/Bertini/Lambrecht 2014). Dies führt zu der folgenden Hypothese:

H3a: *Online-Schnäppchen, die eine Produktbeschreibung aufweisen, erzielen eine höhere Popularität als Schnäppchen, denen es an einer Produktbeschreibung fehlt.*

Zusätzlich zur Produktbeschreibung spielen auch die Versandkosten eine entscheidende Rolle, wenn es um die Schnäppchenintegrität und -attraktivität geht. Zusätzliche Versandkosten erhöhen die Schnäppchenkomplexität und reduzieren folglich die wahrgenommene Transparenz der Art und Weise, wie der Endpreis zustande kommt (vgl. Homburg/Totzek/Krämer 2014). Lewis/Sing/Fay (2006) finden heraus, dass Konsumenten stark auf Versandkosten reagieren. Näher spezifiziert reagieren Konsumenten in etwa zweimal so sensibel auf Änderungen der Versandkosten wie auf die Änderung des Produktpreises (vgl. Smith/Brynjolfsson 2001). Höhere Versandkosten werden damit gleichgesetzt, ein höheres monetäres Opfer aufbringen zu müssen, um ein Produkt zu bekommen. Deshalb wird die folgende Hypothese abgeleitet:

H3b: *Die Online-Schnäppchenpopularität sinkt mit der Höhe der Versandkosten.*

Schnäppchenjäger-Status

In Hinblick auf die Unsicherheit über den Wert eines Schnäppchens könnten sich Schnäppchen-Communitymitglieder auch auf Signale verlassen, die im Zusammenhang mit dem Schnäppchenersteller stehen. In Übereinstimmung mit der Social Influence-Theorie zeigen Park/Kim (2008) und Cheung/Xiao/Liu (2014) eine moderierende Rolle der Konsumentenexpertise beim Einfluss von Mundpropaganda auf die Kaufintention von Konsumenten.

Forman/Ghose/Wiesenfeld (2008) zeigen, dass Informationen zur Identität von Rezensenten die Beurteilung von Rezensionen durch Online-Communitymitglieder beeinflussen kann. Basierend auf Chen/Xie (2008), die zwischen Konsumentenrezensenten und professionellen Rezensenten unterscheiden, differenziert diese Studie zwei Gruppen von Schnäppchenerstellern. Genauer gesagt wird zwischen Schnäppchenerstellern, die von dem Betreiber der Schnäppchen-Community bestimmt werden (professionelle Schnäppchenjäger mit einem starken „Price Mavenism"-Motiv), und gewöhnlichen Nutzern unterschieden. Diese Information ist in dem jeweiligen Profil der Communitymitglieder ersichtlich und zeigt, ob ein Nutzer große Erfahrung bei der Schnäppchensuche aufweist oder nicht. Vor dem Hintergrund der dargestellten Wirkung der Social Influence-Theorie wird folgende Hypothese formuliert:

H4: *Online-Schnäppchen, die von Schnäppchenjägern gepostet werden, erzielen eine höhere Popularität als Online-Schnäppchen, die von gewöhnlichen Nutzern gepostet werden.*

Schnäppchendauer

In Übereinstimmung mit Eisenbeiss et al. (2015) und Luo et al. (2014) wird für den Effekt der Schnäppchendauer kontrolliert. Dabei wird eine positive Beziehung zwischen der Schnäppchendauer in Tagen und der Schnäppchenpopularität angenommen, da mehr Stimmen im Zeitverlauf angesammelt werden können. Dies führt zu folgender Hypothese:

H5: *Die Online-Schnäppchenpopularität steigt mit der Schnäppchendauer.*

4.3.2 Extrinsische Signale

Produkteigenschaften

Die Literatur zeigt, dass sowohl die Qualitätsbewertung (durchschnittliche Produktbewertung) auf Amazon (vgl. z. B. Chevalier/Mayzlin 2006; Floyd et al. 2014) als auch die Gesamtzahl an Bewertungen auf Amazon (vgl. z. B. Cui/Lui/Guo 2012; Jang/Prasad/Ratchford 2012) eine zentrale Rolle bei der Kaufentscheidung von Konsumenten spielen. Beide dienen als Signale, um Unsicherheiten in Bezug auf die Produktqualität zu reduzieren (vgl. Dimoka/Hong/Pavlou 2012; Mudambi/Schuff 2010), und erhöhen die erwartete Übereinstimmung mit den eigenen Präferenzen (vgl. Dorner/Ivanova/Scholz 2013; Li/Hitt/Zhang 2011). Hierbei sind Produktrezensionen im Wesentlichen ein Beleg dafür, dass sich Produkte (auch bei anderen) bewährt haben (vgl. Cialdini 2001), und Konsumenten bevorzugen mit einer größeren Wahrscheinlichkeit eben jene Produkte. In dieser Hinsicht vermittelt eine höhere Qualitätsbewertung eines Produkts ein positives Produktimage bei anderen Konsumenten, die dieses bewertet haben. Obwohl Informationen zu Amazon-Bewertungen nicht in jeder Schnäppchenbeschreibung enthalten sind, können die Bewertungen zu Produktqualität und die Gesamtzahl an Bewertungen auf Amazon als Indikatoren für die Qualität und die Popularität eines Produkts dienen. Vor diesem Hintergrund werden folgende Hypothesen formuliert:

H6a: *Die Online-Schnäppchenpopularität steigt mit der Qualitätsbewertung des Produkts.*

H6b: *Die Online-Schnäppchenpopularität steigt mit der Anzahl der Bewertungen des Produkts.*

Verkäufereigenschaften

Zusammen mit Preis- und Produktinformationen ist die Reputation des Verkäufers (Herstellers bzw. Händlers) ein zentrales Qualitätssignal, wenn es um die Kaufentscheidungen von Konsumenten geht (vgl. Ba/Pavlou 2002; Chu/Choi/Song 2005; Smith/Brynjolfsson 2001). Bodur/Klein/Arora (2015) zeigen einen signifikanten indirekten Effekt der Händlerbewertung auf die Preisfairnessbeurteilung von Konsumenten. Da Informationen über die Händlerbewertungen nicht in jedem Schnäppchenangebot zugänglich sind, werden die Händlerbewertungen auf einer führenden deutschen Preisvergleichsseite – Geizhals – als Indikator herangezogen. Es wird die folgende Hypothese formuliert:

H7: *Die Online-Schnäppchenpopularität steigt mit der Verkäuferreputation.*

4.4 Methodische Grundlagen

4.4.1 *Datenerhebung und Datengrundlage*

Die der Studie zugrunde liegenden Daten beziehen sich auf abgelaufene Schnäppchen im Zeitraum von September 2015 bis März 2016 auf einer führenden deutschen Online-Schnäppchen-Community, myDealZ.de, Pendant zu HotUKDeals.com (vgl. Abbildung 4.1). Die im Jahr 2007 gegründete Online-Community verfügt über rund 500.000 Mitglieder und umfasst mehr als 58.000 Schnäppchenangebote. Die gesammelten Informationen bezogen sich auf abgeschlossene Schnäppchen in zwei Produktkategorien: 289 Smartphones und 315 DVDs und Blu-rays, was zu einer Gesamtstichprobe von 604 Beobachtungen führt.

Um systematische Verzerrungen bei der Stichprobenerhebung zu vermeiden, wurden alle Schnäppchen für die zwei Produktkategorien in der gleichen Zeitspanne gesammelt. Keine Berücksichtigung fanden Schnäppchen, denen es an Informationen zu Schnäppchendauer und Referenzpreis mangelte. Des Weiteren wurden alle Gutscheine, Coupons und Gutscheincodes herausgefiltert, deren Einlösung spezifischen Regeln und Bestimmungen unterlag und die folglich nicht für alle Communitymitglieder verfügbar waren. Die Entscheidung für diese zwei Produktkategorien basiert auf (1) der umfangreichen Datenbasis, (2) recht unterschiedlichen Preisniveaus und (3) unterschiedlichen Produkteigenschaften mit vorwiegend utilitaristischen Eigenschaften (Smartphones) und hedonistischen Eigenschaften (DVDs und Blu-rays). Dies machte es möglich zu untersuchen, wie sich abhängig von der Produktkategorie die Effekte verschiedener Einflussfaktoren auf die Schnäppchenpopularität gegebenenfalls unterscheiden.

Variable	Beschreibung	Smartphones (n = 289)				DVDs und Blu-rays (n = 315)			
		MW	SA	Min	Max	MW	SA	Min	Max
Schnäppchen-popularität	Differenz zwischen der Anzahl an „hot"- und „cold"-Votes pro Schnäppchen	280,49	359,69	-370	2179	313,14	249,19	-185	1152
Schnäppchen-preis	Schnäppchenpreis eines Produkts (in €)	246,08	156,20	39,99	777	24,87	20,46	1,99	119,88
Rabatthöhe	Differenz zwischen dem Schnäppchenpreis und dem angegebenen Referenzpreis (in €)	33,90	27,75	1,61	200	11,08	12,97	0,05	91,03
Anzahl der Kommentare	Gesamtzahl der Kommentare pro Schnäppchen	36,75	57,35	1	534	19,53	17,62	0	122
Produkt-beschreibung	Dummyvariable, die anzeigt, ob eine detaillierte Produktbeschreibung enthalten ist (=1) oder nicht (=0)	0,84	0,37	0	1	0,68	0,47	0	1
Höhe der Versandkosten	Höhe der Versandkosten des Produkts (in €)	1,15	2,04	0	12,99	0,55	1,30	0	6,99
Schnäppchen-jäger	Dummyvariable, die anzeigt, ob der Schnäppchenersteller von der Schnäppchenplattform bestimmt wurde (=1) oder nicht (=0)	0,27	0,45	0	1	0,34	0,47	0	1
Schnäppchen-dauer	Schnäppchendauer (in Tagen)	2,82	2,98	1	22	3,68	4,18	1	25
Qualitätsbewer-tung	durchschnittliche Amazon.de-Bewertung pro Produkt bis zum Schnäppchentag	4,02	0,55	2	5	4,36	0,42	2,10	5
Anzahl der Bewertungen	Anzahl der Amazon.de-Bewertungen pro Produkt bis zum Schnäppchentag	166,64	239,21	1	2258	224,66	312,38	1	2540
Verkäufer-reputation	durchschnittliche Bewertung eines Verkäufers auf Geizhals.de (1..5)	3,88	0,53	1,5	4,85	3,80	0,45	2,06	4,42

Hinweise: MW: Mittelwert, SA: Standardabweichung.

Tabelle 4.1: Deskriptive Statistik der Stichprobe (n = 604)

Für jedes Schnäppchen wurde der Grad der Popularität erfasst, der auf myDealZ.de als absolute Differenz zwischen der Anzahl an „hot"- und „cold"-Votes angezeigt wird.

Außerdem wurden der Schnäppchenpreis, die Schnäppchendauer in Tagen, der Status des Schnäppchenerstellers (Schnäppchenjäger oder gewöhnlicher Nutzer) und die Anzahl der Kommentare erfasst. Aus der Schnäppchenbeschreibung wurden die Höhe der Versandkosten und der Referenzpreis entnommen, der als Grundlage für die Berechnung der Rabatthöhe diente. Darüber hinaus wurde erfasst, ob die Schnäppchenbeschreibung Informationen zu den Produkteigenschaften aufwies. Um den Effekt von extrinsischen Signalen messen zu können, auf die sich Nutzer womöglich bei der Bewertung der Produktqualität und -popularität (Anzahl anderer Konsumenten, die das Produkt gekauft haben) stützen, wurden pro Produkt Daten über die Qualitätsbewertung und die Anzahl der Bewertungen auf Amazon.de erfasst. Schließlich wurden noch Informationen zur Verkäuferreputation auf Geizhals.de, einer führenden deutschen Preisvergleichsseite, gesammelt. Tabelle 4.1 bietet einen Überblick über die Variablen und ihre Zusammensetzung in der Analyse.

Die deskriptive Statistik für die zwei Produktkategorien zeigt mehrere interessante Muster. Insbesondere im Vergleich mit Smartphones weisen DVDs und Blu-rays deutlich weniger Schnäppchen mit negativen Popularitätswerten auf ($\chi^2 = 11,679$, $p < 0,01$) und es liegen keine DVD-/Blu-ray-Schnäppchen vor, die mehr als 200 „cold"-Votes verzeichnen. Auf myDealZ.de bekommt ein Schnäppchen mit in der Summe mindestens 200 „hot"-Votes das Label „on fire" (vgl. Abbildung 4.1); weist ein Schnäppchen jedoch in der Summe mehr als 200 „cold"-Votes auf, bekommt es das Label „frozen". Beide Labels sind ein Signal für die Unterscheidung zwischen „guten" und „schlechten" Schnäppchen. Diese Beobachtung kann den hedonistischen Eigenschaften von DVDs und Blu-rays zugeschrieben werden, die emotionale oder sinnliche Bedürfnisse der Konsumenten bedienen. So tendieren Individuen zu einer unterschiedlichen Bewertung zwischen utilitaristischen und hedonistischen Produkten (vgl. Hirschman/Holbrook 1982; Batra/Ahtola 1991). Während bei Smartphones Nutzer ihre Urteile an objektiven bzw. utilitaristischen Kriterien festmachen (z. B. am Produktpreis oder der Möglichkeit, eine hilfreiche Funktion oder eine praktische Anwendung durchzuführen), basieren die Urteile bei DVDs und Blu-rays auf subjektiven Kriterien wie der Übereinstimmung mit dem Geschmack oder der Präferenz der Nutzer. Folglich ist bei DVDs und Blu-rays eine stärkere Abweichung in den Konsumentenpräferenzen hinsichtlich des wahrgenommenen Werts eines Schnäppchens im Vergleich zu Smartphones zu erwarten. Aufgrund der hohen Subjektivität bewerten Nutzer gegebenenfalls eher überhaupt nicht, anstatt „cold" abzustimmen. Ein weiterer

Grund könnte sein, dass der Kauf von Smartphones in der Regel mit höheren Ausgaben verbunden ist, was zu einem als höher empfundenen Fehlkaufrisiko führt (vgl. Völckner 2008). Folglich könnten Communitymitglieder eher dazu geneigt sein, bei teuren Produkten abzustimmen, um andere vor kostspieligen Ausgaben zu warnen. Ein weiterer Beleg hierfür ist die höhere Anzahl der Kommentare bei Smartphones im Vergleich zu DVDs und Blu-rays (Welch's t = 4,91, df = 338, p < 0,01) (vgl. Tabelle 4.1).

Beide Produktkategorien weisen überwiegend positive Amazon-Bewertungen auf, im Durchschnitt über 4-Sterne. Dieses Ergebnis stimmt mit früheren Studien überein, die das Überwiegen von positiven Bewertungen auf Amazon hervorheben (vgl. Chevalier/Mayzlin 2006; Ghose/Ipeirotis 2011). Allerdings weisen DVDs und Blu-rays im Durchschnitt deutlich mehr Amazon-Bewertungen als Smartphones auf (Welch's t = -2,58, df = 584, p < 0,01). Eine mögliche Erklärung dafür ist, dass sich viele DVD-/Blu-ray-Schnäppchen auf Filme bezogen, die zu der Zeit der Schnäppchenerstellung sehr populär waren („Blockbuster"), und deshalb durch eine höhere Anzahl an Produktkäufen und folglich eine höhere Anzahl an Bewertungen auf Amazon.de gekennzeichnet waren.

4.4.2 *Analysemethode*

Die abhängige Variable Schnäppchenpopularität ist definiert als die absolute Differenz zwischen der Anzahl an „hot"- und „cold"-Votes für ein Schnäppchen und deshalb skaliert im Bereich von $[-\infty, \infty]$. Es wird angenommen, dass die Beziehung zwischen der Schnäppchenpopularität und ihren Einflussfaktoren am besten durch ein lineares Modell geschätzt werden kann. Dabei wurde eine heteroskedastie-robuste OLS-Regression (vgl. MacKinnon/White 1985) pro Produktkategorie geschätzt:

$$
\begin{aligned}
\text{Schnäppchenpopularität} \\
= \beta_0 + \beta_1 \text{Schnäppchenpreis} + \beta_2 \text{Schnäppchenpreis}^2 + \beta_3 \text{Rabatthöhe} \\
+ \beta_4 \text{AnzahlKommentare} + \beta_5 \text{Produktbeschreibung} + \beta_6 \text{Versandkosten} \\
+ \beta_7 \text{Schnäppchenjäger} + \beta_8 \text{Schnäppchendauer} + \beta_9 \text{Qualitätsbewertung} \\
+ \beta_{10} \text{AnzahlBewertungen} + \beta_{11} \text{Verkäuferreputation} + \epsilon
\end{aligned}
$$

Da die abhängige Variable Schnäppchenpopularität linksschief ist (die Mehrzahl an Schnäppchen wurde von den Communitymitgliedern „hot" [positiv] bewertet), könnten die Effekte auf den bedingten Erwartungswert mit einer OLS-Regression verzerrt sein.

Als zusätzlicher Robustheitscheck wurde deshalb auch eine Quantilsregression durchgeführt und die Effekte auf den bedingten Median geschätzt (vgl. Abschnitt 4.6). Diese sollte bei einer schiefen Verteilung der Daten und bei Ausreißern robuster sein. Die Ergebnisse der OLS- und Quantilsregression sind dabei (im Hinblick auf Effektgrößen und Signifikanzen) weitgehend konsistent, was darauf hindeutet, dass die OLS-Regression trotz der linksschiefen Datenverteilung eine zuverlässige Schätzung liefert. Die zugrunde liegenden Korrelationsmatrizen sind in Tabelle 4.2 aufgeführt.

Als Basis wurde ein Modell berechnet, das zunächst nur Signale enthielt, die direkt auf der Schnäppchenseite zugänglich sind, also intrinsische Signale darstellen (vgl. Abbildung 4.1). Daraufhin wurde ein erweitertes Modell geschätzt, das zusätzlich noch extrinsische Signale aus externen Quellen aufwies. Dazu zählten die durchschnittliche Qualitätsbewertung sowie die Gesamtzahl an Bewertungen des Produkts bei Amazon sowie die Verkäuferbewertung auf Geizhals.de. Da die Bewertung des jeweiligen Produkts oder Verkäufers konsumentenspezifisch variieren kann, erfolgte bei den Amazon- und Geizhals-Bewertungen eine Zentrierung des Mittelwerts.

Der Vergleich beider Modelle erlaubt eine Bewertung, ob die extrinsischen Signale zusätzlichen (signifikanten) Erklärungsgehalt liefern, wenn es um Fragen nach den Einflussfaktoren auf die Popularität von Online-Schnäppchen geht. So kann beurteilt werden, in welchem Maße Schnäppchen-Communitymitglieder extrinsische Signale in ihre Bewertung des Werts eines Schnäppchens einfließen lassen. Dabei werden die Regressionsmodelle mit dem Informationskriterium von Akaike (AIC) und dem Bayesschen Informationskriterium (BIC) verglichen, die anzeigen, wie viel mehr (weniger) an Information im Basismodell (intrinsische Signale) verglichen mit dem erweiterten Modell (intrinsische + extrinsische Signale) verloren geht (vgl. Burnham/Anderson 2004).

Smartphones		1	2	3	4	5	6	7	8	9	10
1	Schnäppchenpreis	1,000									
2	Rabatthöhe	0,437	1,000								
3	Anzahl der Kommentare	0,021	0,249	1,000							
4	Produktbeschreibung	-0,183	-0,022	0,128	1,000						
5	Höhe der Versandkosten	0,050	0,024	-0,073	-0,030	1,000					
6	Schnäppchenjäger	-0,179	0,100	0,149	0,267	0,039	1,000				
7	Schnäppchendauer	0,046	0,083	0,082	0,063	0,083	-0,028	1,000			
8	Qualitätsbewertung	0,094	0,078	0,103	0,040	0,009	-0,097	0,041	1,000		
9	Anzahl der Bewertungen	0,055	-0,043	0,007	-0,161	-0,125	-0,005	-0,046	0,022	1,000	
10	Verkäuferreputation	-0,054	-0,014	-0,003	0,032	-0,118	0,006	0,065	0,050	-0,054	1,000

DVDs und Blu-Rays		1	2	3	4	5	6	7	8	9	10
1	Schnäppchenpreis	1,000									
2	Rabatthöhe	0,449	1,000								
3	Anzahl der Kommentare	-0,032	0,090	1,000							
4	Produktbeschreibung	0,006	0,021	-0,109	1,000						
5	Höhe der Versandkosten	0,123	0,107	0,051	0,012	1,000					
6	Schnäppchenjäger	-0,053	-0,007	-0,142	0,312	-0,007	1,000				
7	Schnäppchendauer	-0,024	-0,013	0,059	0,007	-0,045	-0,142	1,000			
8	Qualitätsbewertung	0,184	0,143	0,069	0,053	-0,034	0,080	0,009	1,000		
9	Anzahl der Bewertungen	-0,154	-0,181	0,128	-0,119	-0,038	-0,067	-0,014	-0,213	1,000	
10	Verkäuferreputation	-0,003	0,050	-0,019	0,002	-0,043	-0,190	0,094	-0,034	0,028	1,000

Tabelle 4.2: Korrelationen zwischen den Variablen

4.5 Ergebnisse

Die Ergebnisse in Tabelle 4.3 veranschaulichen, dass die Hinzunahme extrinsischer Signale die Güte des Forschungsmodells für DVDs und Blu-rays signifikant verbessert. Das erweiterte Modell weist einen besseren AIC- und BIC-Wert auf und erklärt einen höheren Anteil der Varianz der abhängigen Variable, ausgedrückt in einem höheren R^2. Im Gegensatz dazu verbessern extrinsische Signale den Erklärungsgehalt des Modells bei Smartphones nicht signifikant, wie auch den schlechteren AIC- und BIC-Werten und nur einem leicht verbesserten R² zu entnehmen ist.

	Smartphones				DVDs und Blu-rays			
	intrinsische Signale		intrinsische + extrinsische Signale		intrinsische Signale		intrinsische + extrinsische Signale	
		Std. Koef.		Std. Koef.		Std. Koef.		Std. Koef.
Konstante	-144,834** (69,308)		-159,631** (75,812)		36,364 (35,677)		45,203 (35,662)	
Schnäppchenpreis	0,933*** (0,360)	0,405	0,898** (0,360)	0,390	2,218* (1,273)	0,182	1,104 (1,351)	0,091
Schnäppchenpreis²	-0,002*** (0,0005)	-0,531	-0,002*** (0,0005)	-0,521	-0,035*** (0,013)	-0,244	-0,025* (0,014)	-0,172
Rabatthöhe	2,025*** (0,665)	0,156	2,072*** (0,669)	0,160	-0,163 (1,057)	-0,008	0,014 (1,079)	0,001
Anzahl der Kommentare	4,017*** (0,874)	0,640	4,024*** (0,867)	0,642	10,958*** (1,245)	0,775	10,646*** (1,238)	0,753
Produktbeschreibung	87,048** (36,615)	0,089	93,966** (39,208)	0,096	24,406 (21,641)	0,046	25,830 (20,519)	0,048
Höhe der Versandkosten	-3,706 (5,623)	-0,021	-1,866 (5,367)	-0,011	-14,939** (6,922)	-0,078	-13,526** (6,833)	-0,070
Schnäppchenjäger	165,486*** (34,134)	0,205	162,077*** (33,604)	0,201	79,333*** (18,089)	0,151	71,534*** (18,735)	0,136
Schnäppchendauer	5,594 (5,046)	0,046	5,431 (4,991)	0,045	2,845 (2,299)	0,048	2,975 (2,099)	0,050
Qualitätsbewertung			-8,030 (20,482)	-0,012			90,645*** (23,744)	0,153
Anzahl der Bewertungen			0,065 (0,052)	0,043			0,057* (0,031)	0,071
Verkäuferreputation			26,513 (27,876)	0,039			-5,293 (18,087)	-0,010
N	289		289		315		315	
R²	0,650		0,653		0,617		0,639	
AIC	3937,329		3940,773		4087,347		4074,338	
BIC	3973,993		3988,436		4124,873		4123,121	

Hinweise: Robuste Standardfehler sind in Klammern aufgeführt. ***p < 0,01, **p < 0,05, *p < 0,10 (zweiseitiger Test).

Tabelle 4.3: Regressionsergebnisse zu den Einflussfaktoren auf die Schnäppchenpopularität

4.5.1 *Rolle intrinsischer Signale*

Sowohl für Smartphones als auch für DVDs und Blu-rays kann eine quadratische (inverse U-)Beziehung zwischen dem Schnäppchenpreis und der Schnäppchenpopularität nachgewiesen werden ($b_{Smartphones}$ = 0,933, p < 0,01, $b^2_{Smartphones}$ = -0,002, p < 0,01; $b_{DVDs/Blu-rays}$ = 2,218, p < 0,10, $b^2_{DVDs/Blu-rays}$ = -0,035, p < 0,01) (H1a). Dieses Ergebnis ist konsistent mit vorangegangenen Studien (vgl. Dodds 1995; Dodds/Monroe/Grewal 1991) und weist darauf hin, dass Nutzer einen höheren Schnäppchenpreis mit einer höheren zugrunde liegenden Produktqualität verbinden. So steigt der Wert eines Schnäppchens aus der Sicht der Nutzer zunächst mit dem Schnäppchenpreis an, sinkt allerdings ab einer gewissen akzeptablen Preisobergrenze ab.

Die Rabatthöhe hat einen positiven und statistisch signifikanten Einfluss auf die Schnäppchenpopularität bei Smartphones ($b_{Smartphones}$ = 2,025, p < 0,01), ist allerdings statistisch nicht signifikant für DVDs und Blu-rays (H1b). Schnäppchen-Communitymitglieder scheinen also auf Referenzpreise als Hinweise für die Berechnung der resultierenden Kostenersparnisse und für die Einschätzung des Werts eines Schnäppchens zu vertrauen, besonders im Falle von teureren Produkten wie Smartphones. Ein Rabattanstieg in Höhe von einem Euro führt zu einem Anstieg der Schnäppchenpopularität in Höhe von zwei „hot"-Votes. Da DVDs und Blu-rays generell günstiger in der Anschaffung sind und sie folglich geringere Rabatte verglichen mit Smartphones aufweisen (vgl. Tabelle 4.1), erscheint es plausibel, dass Nutzer in diesem Fall eher den Schnäppchenpreis und andere Signale heranziehen, um den Wert eines Schnäppchens zu beurteilen. Folglich wird H1b nur für Smartphones bestätigt.

Der positive und statistisch signifikante Effekt der Anzahl der Kommentare ($b_{Smartphones}$ = 4,017, p < 0,01; $b_{DVDs/Blu-rays}$ = 10,958, p < 0,01) stützt den in H2 postulierten „Bandwagon"-Effekt und ist im Einklang mit früheren Studienergebnissen, die auf der Social Influence-Theorie basieren (vgl. z. B. Kuan/Zhong/Chau 2014). Schnäppchen, die eine hohe Kommentaranzahl generieren, erhalten mehr Aufmerksamkeit und erzeugen mehr sozialen „Buzz" innerhalb der Community im Vergleich zu Schnäppchen ohne oder mit nur einer geringen Anzahl an Kommentaren. Kommentare werden als wertvolle Signale für zusätzliche Informationen erachtet, die in der Schnäppchenbeschreibung vom Ersteller vergessen oder vernachlässigt wurden. Interessanterweise ist die Effektgröße der Kommentare für Smartphones signifikant kleiner als der absolute Wert bei DVDs und Blu-rays (z = -4,697, p < 0,01).

Die Produktbeschreibung hat einen signifikant positiven Effekt auf die Schnäppchen-popularität bei Smartphones ($b_{Smartphones}$ = 87,048, p < 0,01), ist aber statistisch nicht signifikant bei DVDs und Blu-rays (H3a). Der Koeffizient von 87,048 besagt, dass Smartphone-Schnäppchen, die eine detaillierte Produktbeschreibung aufweisen, in etwa 87 mehr „hot"-Votes auf sich vereinen können als Schnäppchen ohne detaillierte Produktbeschreibung. Im Falle der DVDs und Blu-rays ist es plausibel anzunehmen, dass dort Nutzer externe Quellen heranziehen, um den Inhalt der DVD/Blu-ray zu bewerten. So könnten sie beispielsweise Kritiken von Experten oder Rezensionen anderer Konsumenten lesen, oder aber auch in die Diskussionen mit anderen Community-mitgliedern einsteigen, wie auch aus dem starken Einfluss der Kommentaranzahl auf die Schnäppchenpopularität hervorgeht.

Die Höhe der Versandkosten hat einen signifikanten Effekt auf die Schnäppchenpopu-larität bei DVDs und Blu-rays ($b_{DVDs/Blu-rays}$ = -14,939, p < 0,05), womit anzunehmen ist, dass eine Erhöhung der Produktversandkosten zu einem Rückgang der Schnäpp-chenpopularität führt (H3b). Unter Einbeziehung der insgesamt (und im Vergleich zu Smartphones) relativ niedrigen Preise von DVDs und Blu-rays (MW = 24,873, SA = 20,464) könnte eine Erhöhung der Versandkosten um einen Euro zu einem deutlichen Rückgang der Kosteneinsparungen führen. Dafür liefern die Untersuchungsergebnisse deutliche Hinweise. Ein Anstieg der Versandkosten um einen Euro entspricht einem Verlust an 15 „hot"-Votes. Die Höhe der Versandkosten keinen Einfluss auf die Schnäppchenpopularität bei Smartphones, was wiederum aufgrund der durchschnitt-lich deutlich höheren Smartphonepreise plausibel ist (vgl. Tabelle 4.1).

Die Ergebnisse der Untersuchung bestätigen auch, dass der Status eines Schnäpp-chenjägers einen positiven Effekt auf die Popularität des geposteten Schnäppchens hat ($b_{Smartphones}$ = 165,486, p < 0,01; $b_{DVDs/Blu-rays}$ = 79,333, p < 0,01) (H4). Die Schätzer der Regression weisen darauf hin, dass Nutzer, die von der Schnäppchen-Plattform ernannt wurden, um nach den besten Schnäppchen zu suchen, bei Smartphones rund 165 mehr und bei DVDs und Blu-rays rund 79 mehr „hot"-Votes erzielen als reguläre Nutzer.

In diesem Zusammenhang wurde die Regressionsanalyse mit anderen Eigenschaften des Schnäppchenerstellers wiederholt. So fanden beispielsweise die Anzahl der Kommentare eines Schnäppchenerstellers vor dem entsprechenden Schnäppchen-posting Berücksichtigung. Die Ergebnisse sind sehr ähnlich zu den oben dargestellten:

alle Vorzeichen und Koeffizienten bleiben (wie vorhergesagt) unverändert, lediglich die Größe der Koeffizienten für DVDs und Blu-rays und die Vorhersagekraft des Modells sind etwas kleiner als in dem dargestellten Modell. Speziell der R^2-Wert sinkt um 2 %, AIC- und BIC-Wert verschlechtern sich jeweils um etwa 3 %. Die Modellgüte für Smartphones bleibt nahezu unverändert.

Der Effekt der Schnäppchendauer ist statistisch nicht signifikant, was darauf hindeutet, dass es keinen Zusammenhang zwischen der Anzahl an Tagen, die ein Schnäppchen andauert, und seiner Popularität gibt. Folglich wird H5 verworfen.

4.5.2 Rolle extrinsischer Signale

In Tabelle 4.3 werden ebenfalls die erweiterten Modelle dargestellt. Diese enthalten Variablen für die durchschnittliche Bewertung der Produktqualität und die Gesamtzahl der Produktbewertungen auf Amazon.de, sowie die Reputation des Verkäufers in Form der durchschnittlichen Bewertung auf Geizhals.de. Sowohl die Bewertung der Produktqualität ($b_{DVDs/Blu-rays}$ = 90,645, p < 0,01) als auch die Gesamtzahl der Produktbewertungen ($b_{DVDs/Blu-rays}$ = 0,057, p < 0,10) haben einen positiven Effekt auf die Schnäppchenpopularität bei DVDs und Blu-rays. Dieses Ergebnis weist darauf hin, dass Nutzer eher dazu geneigt sind, positiv für Schnäppchen zu stimmen, die eine hohe wahrgenommene Produktqualität aufweisen (ausgedrückt durch hohe durchschnittliche Qualitätsbewertungen), und die bereits häufiger von anderen gekauft wurden und dadurch eine höhere soziale Akzeptanz erfahren haben (ausgedrückt in der hohen Anzahl der Bewertungen). Folglich führt eine Verbesserung der durchschnittlichen Produktqualität um einen Stern zu einem Anstieg der Popularität eines Schnäppchens um 91 „hot"-Votes. 20 zusätzliche Bewertungen führen zu einem Anstieg der Schnäppchenpopularität um einen „hot"-Vote.

Bei Smartphones sind die Effekte der Qualitätsbewertung und der Gesamtzahl der Bewertungen allerdings nicht signifikant, was darauf hindeutet, dass Nutzer in dieser Produktkategorie eher intrinsische Signale heranziehen. Dazu zählen mitunter die Kostenersparnisse oder die detaillierte Schnäppchenbeschreibung. Folglich können H6a und H6b nur für DVDs und Blu-rays bestätigt werden.

Der Effekt der Verkäuferreputation auf die Schnäppchenpopularität ist für beide Produktkategorien nicht signifikant (H7). Dies deutet darauf hin, dass Nutzer Signale der Verkäuferreputation nicht in die Bewertung des Schnäppchenwerts einbeziehen.

4.6 Robustheitsprüfung

Als Robustheitscheck wurde eine Quantilsregression mit heteroskedastie-robusten Standardfehlern durchgeführt (vgl. Koenker 2005). Da die abhängige Variable Schnäppchenpopularität linksschief ist, kann die OLS-Regression zu verzerrten und inkonsistenten Schätzern führen.

Insgesamt sind die Ergebnisse der Quantilsregression (im Hinblick auf Effektgrößen und Signifikanzen) konsistent mit den Ergebnissen der OLS-Regression (vgl. Tabelle 4.3 und Tabelle 4.4). Lediglich der Effekt der Höhe der Versandkosten ist im erweiterten Modell für DVDs und Blu-rays nicht signifikant. Folglich kann H3b in diesem Fall nur teilweise bestätigt werden.

Interessanterweise sind die Effekte der Verkäuferbewertung auf die Schnäppchenpopularität bei Smartphones positiv und statistisch signifikant ($b_{Smartphones}$ = 32,321, p < 0,01), was darauf hindeutet, dass Nutzer doch zu einem gewissen Grad Verkäuferbewertungen in ihre Beurteilungen des Schnäppchenwerts einfließen lassen. Dies erscheint gerade bei Smartphones mit relativ hohen Anschaffungskosten plausibel. Folglich kann H7 teilweise bestätigt werden.

Zudem wurde eine Regression mit dem gepoolten Datensatz durchgeführt, in der die Daten beider Produktkategorien zusammengeführt wurden. Um für die kategoriespezifischen Effekte zu kontrollieren, wurde ein idiosynkratischer (unsystematischer) Fehler ψ_i in das Modell eingefügt. Dieses wurde mit der Restricted-Maximum-Likelihood-Methode basierend auf der nachfolgenden Gleichung geschätzt:

$$y_i = \alpha + X_i\beta + (1|\ \psi_i) + \epsilon_i,$$

wobei X_i ein Set an Einflussfaktoren auf das Schnäppchen i darstellt, die Terme α und β die zu schätzenden Parameter kennzeichnen und ϵ_i den Fehlerterm erfasst. Die Ergebnisse werden in Tabelle 4.5 berichtet.

Die Ergebnisse sind weitgehend konsistent mit den Regressionsergebnissen auf Produktkategorieebene in Tabelle 4.3. Alle Vorzeichen der Koeffizienten bleiben (wie vorhergesagt) unverändert. Lediglich die Koeffizienten für die Höhe der Versandkosten und die Produktbeschreibung sind im zusammengeführten Datensatz statistisch nicht signifikant. Dagegen wird der Effekt der Schnäppchendauer signifikant (b = 5,797, p < 0,05). Ein positives Vorzeichen deutet darauf hin, dass sich die Schnäppchenpopularität mit der Schnäppchendauer erhöht, da mehr Stimmabgaben im Zeitverlauf möglich sind, was wiederum die Popularität fördert. Verbesserungen im Pseudo-R² sowie im AIC- und BIC-Wert deuten darauf hin, dass das erweiterte Modell mit sowohl intrinsischen als auch extrinsischen Signalen die Schnäppchenpopularität für beide Produktkategorien besser erklärt.

	Smartphones				DVDs und Blu-rays			
	intrinsische Signale		intrinsische + extrinsische Signale		intrinsische Signale		intrinsische + extrinsische Signale	
		Std. Koef.		Std. Koef.		Std. Koef.		Std. Koef.
Konstante	-45,923 (46,688)		-122,472* (47,746)		16,814 (29,611)		20,269 (27,110)	
Schnäppchenpreis	0,287 (0,201)	0,125	0,429** (0,196)	0,186	3,353** (1,568)	0,275	2,136 (1,430)	0,175
Schnäppchenpreis²	-0,001** (0,0003)	-0,230	-0,001*** (0,0003)	-0,316	-0,051*** (0,019)	-0,347	-0,038** (0,016)	-0,268
Rabatthöhe	0.907*** (0,291)	0,070	1,291*** (0,318)	0,100	-0,997 (0,741)	-0,052	-1,053 (0,857)	-0,055
Anzahl der Kommentare	6,112*** (0,747)	0,974	5,984*** (0,726)	0,954	11,891*** (1,106)	0,841	11,839*** (1,128)	0,837
Produktbeschreibung	46,184 (35,689)	0,047	93,253** (39,577)	0,095	13,693 (19,057)	0,026	18,617 (16,822)	0,035
Höhe der Versandkosten	-5,306 (3,274)	-0,030	-1,465 (4,285)	-0,008	-10,335* (5,748)	-0,054	-8,142 (6,639)	-0,042
Schnäppchenjäger	105,580*** (12,720)	0,131	109,316*** (31,065)	0,136	69,662*** (18,496)	0,132	69,896*** (16,091)	0,133
Schnäppchendauer	5,518*** (1,491)	0,046	5,167** (2,094)	0,043	0,520 (2,068)	0,009	1,248 (2,217)	0,021
Qualitätsbewertung			6,192 (8,932)	0,010			83,106*** (17,256)	0,140
Anzahl der Bewertungen			0,051 (0,062)	0,034			0,038* (0,021)	0,048
Verkäuferreputation			32,321*** (11,653)	0,048			-11,180 (16,415)	-0,020
N	289		289		315		315	315

Hinweise: Robuste Standardfehler sind in Klammern aufgeführt. Die Varianz wird mit der Hendricks-Koenker-Methode geschätzt (vgl. Koenker 2005), d. h. es wird Unabhängigkeit zwischen Fehler- und unabhängigen Variablen angenommen. ***p < 0,01, **p < 0,05, *p < 0,10 (zweiseitiger Test).

Tabelle 4.4: Ergebnisse der Quantilsregression (τ = 0,50)

	Smartphones + DVDs und Blu-rays			
	intrinsische Signale		intrinsische + extrinsische Signale	
		Std. Koef.		Std. Koef.
Konstante	57,086 (75,491)		41,573 (65,211)	
Schnäppchenpreis	0,403 (0,254)	0,204	0,313 (0,252)	0,158
Schnäppchenpreis²	-0,0011*** (0,0004)	-0,301	-0,0011*** (0,0004)	-0,271
Rabatthöhe	1,475*** (0,453)	0,117	1,573*** (0,453)	0,124
Anzahl der Kommentare	4,853*** (0,211)	0,671	4,788*** (0,211)	0,662
Produktbeschreibung	21,921 (21,165)	0,031	26,864 (21,224)	0,037
Höhe der Versandkosten	-6,157 (5,026)	-0,034	-4,793 (5,027)	-0,027
Schnäppchenjäger	102,531*** (19,619)	0,154	104,197*** (19,589)	0,156
Schnäppchendauer	5,750** (2,344)	0,069	5,797** (2,335)	0,069
Qualitätsbewertung			32,676* (17,519)	0,055
Anzahl der Bewertungen			0,090*** (0,031)	0,082
Verkäuferreputation			8,968 (17,379)	0,014
N	603		603	
Pseudo R²	0,548		0,557	
AIC	8167,736		8152,601	
BIC	8216,175		8214,252	

Hinweise: Robuste Standardfehler sind in Klammern aufgeführt. ***p < 0,01, **p < 0,05, *p < 0,10 (zweiseitiger Test).

Tabelle 4.5: Regressionsergebnisse (zusammengeführter Datensatz)

4.7 Diskussion

In dieser Studie wurde ein Forschungsmodell entwickelt, anhand dessen die Popularität von Schnäppchen in Online-Schnäppchen-Communities erklärt und empirisch überprüft wurde. Dabei stützte sich diese Untersuchung auf einen Datensatz, der aus 604 Smartphone- und DVD-/Blu-ray-Schnäppchen, entnommen aus einer führenden deutschen Online-Schnäppchen-Community (myDealZ.de), besteht. Die Ergebnisse der Untersuchung liefern zahlreiche Implikationen für Forschung und Praxis.

Erstens leistet die Studie einen Beitrag zur wachsenden Anzahl an Literatur über das Verhalten von Konsumenten in Online-Schnäppchen-Communities. Nach besten Wissen ist dies die erste Studie, die die Einflussfaktoren auf das Abstimmungsverhalten von Online-Schnäppchen-Communitymitgliedern im Kontext nutzergenierter Inhalte untersucht. Aufbauend auf der Signaling- und der Social Influence-Theorie werden Eigenschaften identifiziert, die zum einen an intrinsische Qualitätssignale (direkt auf der Schnäppchenseite verfügbar) und zum anderen an extrinsische Qualitätssignale (aus externen Quellen bezogen) geknüpft sind, und die die Popularität von Online-Schnäppchen bestimmen.

Neben der quadratischen (inversen U-)Beziehung zwischen dem Schnäppchenpreis und der Schnäppchenpopularität und dem positiven Effekt der Rabatthöhe auf die Schnäppchenpopularität können insbesondere Belege für „Bandwagon"-Effekte in Online-Schnäppchen-Communities gezeigt werden. Diese Studie manifestiert, dass die Schnäppchenpopularität in hohem Maße von sozialen Hinweisen wie der Anzahl der Kommentare und geposteten Meinungen von anderen Communitymitgliedern abhängt. Populärere Schnäppchen ziehen mehr Aufmerksamkeit auf sich und erhalten mehr Stimmabgaben im Vergleich zu Schnäppchen, denen es nicht gelingt das „on fire"-Popularitätslabel (mit mindesten 200 „hot"-Votes) zu erreichen (Selbstverstärkungseffekt). Folglich können beispielsweise die Ergebnisse von Moe/Schweidel (2012) erweitert werden, die ähnliche Effekte im Kontext von Produktrezensionen feststellten.

Ferner zeigen die Ergebnisse, dass die Bereitstellung von detaillierten Informationen zu Produkteigenschaften und zur Höhe der Versandkosten in der Schnäppchenbeschreibung ebenfalls einen signifikanten Effekt auf die Schnäppchenpopularität haben. Im Falle von utilitaristischen Produkten wie Smartphones, deren Qualität im Vorfeld des Einkaufs beurteilt werden kann (vgl. Nelson 1974), schätzen Nutzer detaillierte Schnäppchenbeschreibungen in besonderem Maße. Im Falle von hedonistischen Produkten wie DVDs und Blu-rays scheinen Nutzer sich eher auf externe Informationssignale wie die Meinungen oder Erfahrungen anderer Nutzer zu stützen, die in der Form von Konsumentenrezensionen und -bewertungen vorliegen. Schließlich spielen Versandkosten insbesondere bei niedrigpreisigen Produkten eine Rolle.

Betreiber von Online-Schnäppchen-Communities können die Ergebnisse nutzen, um das Design ihrer Plattformen zu verbessern und damit die Anzahl der (aktiven) Communitymitglieder, die Anzahl der „heißen" Schnäppchen und folglich die Anzahl der Provisionen zu erhöhen, die von der Anzahl und der Popularität der geposteten Schnäppchen abhängt. Erstens sollten sie versuchen, sozialen „Buzz" zu stimulieren, indem sie ihre Communitymitglieder dazu anspornen, an Diskussionen zu den

Schnäppchen teilzunehmen. Zweitens sollten sie Schnäppchenersteller dazu bringen, detaillierte Informationen zu den rabattierten Produkten, zu Referenzpreis sowie
zur Höhe der Versandkosten in die Schnäppchenbeschreibung aufzunehmen. Im
Falle von hedonistischen Produkten sollten Schnäppchenersteller angehalten werden, die durchschnittliche Qualitätsbewertung des Produkts und die Gesamtzahl an
Produktbewertungen (z. B. auf Amazon) mit in die Schnäppchenbeschreibung aufzunehmen. Diese Informationshinweise helfen zum einen, Unsicherheit zu verringern,
und zum anderen, die Übereinstimmung mit den Präferenzen der jeweiligen Nutzer
zu ermessen. Im Falle von utilitaristischen Produkten und Produkten, die mit höheren
Kosten verbunden sind, wäre es hilfreich, Informationen zur Verkäuferreputation in
die Schnäppchenbeschreibung zu integrieren. Dies kann zum Beispiel in Form der
durchschnittlichen Verkäuferbewertung auf einer populären Preisvergleichsseite erfolgen.

Basierend auf diesen Ergebnissen ist es somit möglich, ein Mindestmaß an erreichbarer Schnäppchenpopularität vorherzusagen. Dies ist besonders relevant für
Schnäppchen, die gerade erst gepostet wurden, oder die bislang noch sehr wenige
Votes verzeichnen konnten. In Anbetracht eines bestehenden Schnäppchens helfen
die Modelle – basierend auf dem konzeptionellen Forschungsmodell und den relevanten Einflussfaktoren – die ungefähre Popularität vorherzusagen. Dies wäre eine
effektive Möglichkeit, um Schnäppchen zu identifizieren, die besser zu den Bedürf-
nissen der Konsumenten passen, was folglich deren Zufriedenheit mit der Community steigert. Betreiber von Online-Schnäppchenportalen könnten ein zusätzliches
„hotness"-Potential-Qualitätslabel aufnehmen, welches das Interesse der Communitymitglieder weckt und wiederum deren (erwünschte) Aktivität erhöhen könnte.

Schließlich ist das entwickelte Forschungsmodell auch für Hersteller und Händler
relevant, da es hilft, Erkenntnisse für die effektive Gestaltung von Preisaktionen ab-
zuleiten. Dementsprechend kann bei der Erstellung von Angeboten der Fokus auf die
Eigenschaften/Einflussfaktoren eines Schnäppchens gelegt werden, die besonders
wichtig für Konsumenten sind.

Neben diesen Erkenntnissen unterliegen die Ergebnisse dieser Studie allerdings
auch Limitationen. Erstens beschränken sich die Daten auf zwei Produktkategorien
aus einer Online-Schnäppchen-Community. Dementsprechend könnte die zukünftige
Forschung den Datensatz um zusätzliche Produktkategorien und weitere Online-

Schnäppchen-Communities erweitern und diese in die Analyse einbeziehen. Zudem könnte eine transnationale Untersuchung zusätzliche Erkenntnisse liefern. Zweitens enthielt der vorliegende Datensatz zu DVDs und Blu-rays keine Schnäppchen mit einem „frozen"-Popularitätslabel, also Schnäppchen mit 200 oder mehr „cold"-Votes. Diese Beobachtung wird allerdings eher als eine interessante Erkenntnis angesehen, die die Unterschiede im Abstimmungsverhalten zwischen verschiedenen Produktkategorien widerspiegelt. Zukünftige Forschung könnte diesen Aspekt anhand von weiteren Produkten aufgreifen, die sich durch hedonistische Eigenschaften und eine eher subjektive Qualitätsbemessung auszeichnen. Drittens könnten die Inhalte der Nutzerkommentare unter den jeweiligen Schnäppchenangeboten analysiert werden, um so weitergehende Erkenntnisse in die „Bandwagon"-Dynamiken in der Community zu erhalten. Insgesamt bietet diese Studie dennoch wertvolle Implikationen, um die Gestaltung von Online-Schnäppchen-Communities zu verbessern, und eröffnet zahlreiche interessante Anknüpfungsmöglichkeiten für die zukünftige Forschung.

5 Schlussbetrachtung

Ausgangspunkt der vorliegenden Arbeit war die Feststellung, dass durch die großen Veränderungen im Zuge der Digitalisierung (vgl. Verhoef/Kannan/Inman 2015) die Komplexität von Entscheidungen bezüglich der Vertriebssystemgestaltung und der Koordination von Vertriebskanälen deutlich zugenommen hat. Hierzu zählt auch der Umgang mit neuartigen Phänomenen wie Online-Schnäppchen-Communities (vgl. Abschnitt 1.1).

Dementsprechend wichtig ist eine systematische Herangehensweise als Grundvoraussetzung für optimale Entscheidungen; Managerintuition allein reicht häufig nicht mehr aus (vgl. Rusetski 2014). Abhilfe schaffen Entscheidungsunterstützungssysteme, die es Managern durch eine systematische Berücksichtigung von Daten und Wissen in einem analytischen Modell ermöglichen, ihre Entscheidungsqualität zu verbessern (vgl. Lilien 2011). Mit dem Ziel, in dieser Hinsicht einen Beitrag zur Vertriebsmanagement-Literatur zu leisten und das Wissen über Online-Schnäppchen-Communities zu erweitern, wurden fünf Forschungsfragen formuliert (vgl. Tabelle 1.1) und anschließend in drei Kapiteln bzw. Studien behandelt. Die zentralen Erkenntnisbeiträge der Arbeit im Hinblick auf diese fünf Forschungsfragen werden im Folgenden zusammengefasst.

Forschungsfrage 1a: Welchen Einfluss hat die Vertriebssystemgestaltung auf die optimale Preissetzung und die Gewinnsituation von Herstellern und Händlern?

Das übergeordnete Ziel der Studie in Kapitel 2 war es, eine integrierte Analyse von Aspekten der Vertriebssystemgestaltung und -koordination in differenzierten Mehrkanalsystemen durchzuführen. Dazu wurde ein spieltheoretisches Modell entwickelt, das die Komplexität der in der Praxis existierenden Vertriebssysteme abbilden kann (vgl. Abschnitt 2.3). In Abgrenzung von der bestehenden Vertriebsliteratur stützte sich die Studie auf einen allgemeineren analytischen Ansatz, indem das Modell mit Daten zweier Hersteller aus unterschiedlichen Branchen kalibriert und jedes spezifische Ergebnis anschließend umfangreichen Robustheitschecks unterzogen wurde. Zentrale erklärende Parameter waren hierbei das Marktpotentialwachstum abhängig vom gewählten Vertriebssystem, der Anteil eines Vertriebskanals am Marktpotential, Preiselastizitäten, Kreuzkanaleffekte und vertriebskanalspezifische Serviceniveaus, die unter dem Dach der Kanaleigenschaften zusammengefasst werden können (vgl. Avery et al. 2012).

Mit diesem Ansatz konnte zunächst gezeigt werden, dass das Niveau gewinnmaxi-mierender Preise von Herstellern und Händlern tendenziell sinkt, wenn indirekte Ver-triebskanäle hinzugefügt werden, aber tendenziell steigt, wenn direkte Vertriebskanä-le hinzugefügt werden. Optimale Preise in direkten Kanälen können durchaus unter den Preisen in indirekten Kanälen liegen, wenn erstere unterlegene Kanaleigen-schaften aufweisen (z. B. ein niedrigeres Serviceniveau) und damit in der Gunst der Konsumenten deutlich hinter den indirekten Kanälen liegen. Zudem sind, wie zu er-warten war, optimale Online-Preise tendenziell niedriger als Offline-Preise. Insge-samt leisten die Erkenntnisse einen Beitrag zur Schließung der Forschungslücke hinsichtlich der Preissetzung von Herstellern und Händlern in differenzierten Mehr-kanalsystemen, insbesondere wenn neue Vertriebskanäle hinzugefügt werden (vgl. Lee et al. 2013).

Im Hinblick auf den zweiten Teilaspekt von Forschungsfrage 1a, der Gewinnsituation von Herstellern und Händlern, verdeutlichten die Ergebnisse, dass die richtige Ge-staltung differenzierter Mehrkanalsysteme entscheidend für ihre Profitabilität ist. So konnte zum Beispiel veranschaulicht werden, dass sich die Herstellergewinne in ei-nem der zwei analysierten Business Cases um 28 % erhöhen, wenn zum bestehen-den Vertriebssystem ein direkter Kanal hinzugefügt wird. Zusammenfassend ist fest-zuhalten, dass das Hinzufügen direkter oder indirekter Kanäle die Gewinne von Her-stellern und Händlern steigert, wenn (a) das (dadurch bedingte) Marktpotential-wachstum ausreichend groß ist, (b) Servicedifferenzierung vorliegt oder (c) der neue Kanal nur einen geringen Marktanteil bzw. geringe kannibalistische Eigenschaften aufweist.

Forschungsfrage 1b: Welchen Einfluss haben zentrale Koordinationsmechanismen auf die Gewinne von Herstellern und Händlern?

Da Empfehlungen hinsichtlich der Vertriebssystemgestaltung eng mit Koordinations-aspekten verknüpft sind, wurde in Kapitel 2 auch das Zusammenspiel zentraler Koordinationsmechanismen und deren Wirkung auf die Gewinne von Herstellern und Händlern untersucht. Die Analysen zeigten zunächst, dass der Einsatz von Marken-differenzierung niedrigere optimale Preise und auch niedrigere Gewinne von Herstel-lern und Händlern bedingt. Dies bestätigt die Ergebnisse von Choi (1991) und wider-legt die Ergebnisse von Yan (2011). Im Einklang mit bestehenden Studien (vgl. z. B. Dan/Xu/Liu 2012) veranschaulichten die Ergebnisse überdies, dass Servicedifferenzierung die optimalen Preise sowie Gewinne von Herstellern und Händlern erhöht und auch die negativen Effekte der Markendifferenzierung überwiegen kann. Insgesamt sind Unternehmen bessergestellt, wenn sie Preise und Services zwischen Vertriebskanälen entsprechend den Konsumentencharakteristika differenzieren (vgl. Abbildung 1.1).

Forschungsfrage 2a: Wie kann ein effizientes Entscheidungsunterstützungssystem zur dynamischen Preissetzung in differenzierten Mehrkanalsystemen aussehen?

Ausgangspunkt der Studie in Kapitel 3 waren die komplexen Preisentscheidungen von Vertriebsmanagern in differenzierten und dynamischen Vertriebsumgebungen. Diese sind anfällig für systematische Urteilsverzerrungen. Diesbezüglich wurde ein quadratisches Optimierungsmodell formuliert, das es erlaubt, den optimalen Herstellerabgabe- und Einzelhandelspreis pro Vertriebskanal, Produkt, Konsumentensegment und Periode zu bestimmen, und sich demnach für komplexe Mehrkanal-, Mehrprodukt-, und „Mehrkonsumenten"-Umgebungen eignet (vgl. Abschnitt 3.3). Neben der Berücksichtigung realistischer Geschäftsregeln (z. B. vertriebskanalspezifische Begrenzung möglicher Preisänderungen) kam die Studie auch der Forderung von Kopalle et al. (2009) und Zhang et al. (2010) nach, indem der Aspekt dynamischer Preistaktiken zusammen mit der Verkaufsförderungs- und Lagerbestandsplanung im Modell (ganzheitlich) optimiert wird. Dabei werden auch unterschiedliche Marktbedingungen wie Konsumenten- und Kostenstrukturen von Händlern einbezogen. Die in den Testanwendungen bestätigten geringen Lösungszeiten und Optimalitätslücken unterstreichen die Leistungsfähigkeit des Modells.

Forschungsfrage 2b: Gibt es bei der dynamischen Preissetzung signifikante Unterschiede zwischen den Urteilen von Managern und den Vorhersagen von Entscheidungsunterstützungssystemen?

Im Anschluss an die Beantwortung der Forschungsfrage 2a wurde betrachtet, ob es zwischen den Preistaktiken von Managern und den Prognosen des entwickelten Entscheidungsunterstützungssystems signifikante Unterschiede gibt. Dazu erfolgte zunächst die Formulierung zentraler Thesen zu möglichen systematischen Abweichungen der Manager-Preisentscheidungen vom Modelloptimum. Mit diesen wurde die Forschungslücke verhaltenswissenschaftlicher Aspekte in der Literatur zur dynamischen Preissetzung adressiert (vgl. Chen/Chen 2015).

Auf Basis zweier Experimente mit 175 Studierenden und 350 Marketing- und Vertriebsmanagern konnte gezeigt werden, dass die Mehrzahl der Probanden, 85 % der Studenten und 78 % der Manager, von der gewinnmaximierenden Lösung des Optimierungsmodells abweicht. Dabei nahm die Abweichung der Probanden vom Modelloptimum mit der Komplexität der Marktbedingungen, die im Experiment variiert wurde, signifikant zu (vgl. Tabelle 3.7 und Tabelle 3.8).

In dieser Hinsicht wurden folgende Ursachen für gewinnreduzierende Entscheidungen ausgemacht: Erstens besitzen Manager eine Tendenz zu zu niedrigen Preisen, was auf ihrer Kurzsichtigkeit, Risikoaversion und Fehlinterpretation von Kreuzkanaleffekten basiert. Zweitens tendieren Manager dazu, Preise nicht ausreichend an Nachfragedynamiken anzupassen, da sie eine geringe Nachfrageorientierung sowie eine Überschätzung der eigenen Handels- und Pricing-Expertise aufweisen. Drittens neigen Manager zu einem Offline-Preispremium, setzen also in Offline-Vertriebskanälen deutlich höhere Preise als in Online-Vertriebskanälen. Zentrale Ursachen hierfür sind ihre Risikoaversion und eine Tendenz, sich an fest etablierte Verhaltensweisen zu halten (vgl. George et al. 2006).

Abschließend demonstrierte die Studie in Kapitel 3 noch zentrale Unterschiede und Gemeinsamkeiten zwischen Preisentscheidungen von Studenten und Managern. Zusammenfassend lässt sich festhalten, dass die Entscheidungen der Manager näher am Modelloptimum liegen, da sie im Vergleich eine signifikant geringere Tendenz zu einem Offline-Preispremium aufweisen. Keine Unterschiede gibt es in der Frage des Entscheidungsstils (rational vs. emotional) und der Risikoaversion.

Forschungsfrage 3: Welche Faktoren haben Einfluss auf die Popularität von Online-Schnäppchen?

Kapitel 4 der Arbeit behandelte das Phänomen Online-Schnäppchen-Communities. Ausgangspunkt der Betrachtung war die Feststellung, dass Schnäppchen-Communities weltweit Einfluss auf den Online-Handel nehmen und deshalb im Sinne der Vertriebssystemkoordination von Herstellern und Händlern berücksichtigt werden sollten. Die dem Kapitel zugrunde liegende Studie entwickelt deshalb ein umfassendes Modell, anhand dessen Forschungsfrage 3 beantwortet wird (vgl. Abschnitt 4.4). Aufbauend auf der Signaling- und der Social Influence-Theorie wurden Eigenschaften identifiziert, die einerseits an intrinsische Signale (direkt auf der Schnäppchenseite verfügbar) und andererseits an extrinsische Signale (aus externen Quellen bezogen) geknüpft sind und Einfluss auf die Popularität von Schnäppchen nehmen (vgl. Abbildung 4.2).

Die Untersuchung von 604 Smartphone- und DVD-/Blu-ray-Schnäppchen aus einer führenden Online-Schnäppchen-Community führte zu den folgenden zentralen Ergebnissen: Zwischen dem Schnäppchenpreis und der Schnäppchenpopularität liegt eine inverse quadratische Beziehung vor, das heißt mit einem Anstieg des Schnäppchenpreisniveaus steigt der Wert eines Schnäppchens in der Konsumentenwahrnehmung zunächst an, sinkt allerdings nach Überschreitung eines Preisoptimums wieder ab. Wie zu erwarten hat die Rabatthöhe einen positiven Effekt auf die Schnäppchenpopularität. Insbesondere konnten auch „Bandwagon"-Effekte nachgewiesen werden, in der Form, dass die Anzahl der Kommentare und Stimmabgaben anderer Communitymitglieder einen positiven Einfluss auf die Popularität von Schnäppchen hat. Damit konnte die Studie beispielsweise die Ergebnisse von Moe/Schweidel (2012) erweitern, die ähnliche Effekte im Kontext von Produktrezensionen ausmachten. Zudem haben detaillierte Informationen zu Produkteigenschaften einen positiven Einfluss auf die Schnäppchenpopularität – gerade bei utilitaristischen Produkten wie Smartphones. Bei hedonistischen Produkten wie DVDs und Blu-rays stützen sich Nutzer eher auf externe Informationssignale wie die Meinungen und Erfahrungen anderer, die zum Beispiel in Form von Konsumentenrezensionen und -bewertungen vorliegen. Schließlich ist die Höhe der Versandkosten gerade bei niedrigpreisigen Produkten relevant.

In den Kapiteln 2, 3 und 4 der Arbeit wurden auf Basis der jeweils gewonnenen Erkenntnisse die zentralen Implikationen für die Forschung und Unternehmenspraxis formuliert. Zusammenfassend bleibt festzuhalten, dass von der vorliegenden Arbeit drei wesentliche Impulse ausgehen sollen.

Erstens sollte der systematischen Gestaltung und Koordination differenzierter Mehrkanalsysteme ein stärkeres Gewicht beigemessen werden. Die bisherige Forschung berücksichtigt überwiegend relativ einfache Vertriebsumgebungen und vernachlässigt wesentliche Interaktionseffekte zwischen differenzierten Vertriebssystemen und zentralen Koordinationsinstrumenten. Der in dieser Arbeit vorgestellte Ansatz, der theoretische Modellierung mit empirischer Anwendung verknüpft, bietet Vertriebsmanagern die Möglichkeit, verschiedene Vertriebssystemgestaltungsoptionen und Vertriebssystemkoordinationsmöglichkeiten zu simulieren, bevor sie tatsächlich (mit möglicherweise negativen Folgen) implementiert werden.

Zweitens sollten Wissenschaft und Praxis dem Zusammenspiel von „Modell + Manager(-intuition)" – gerade vor dem Hintergrund der gesteigerten Komplexität und Dynamik einerseits und den technischen Möglichkeiten andererseits – größere Aufmerksamkeit widmen. Das in dieser Arbeit vorgestellte Entscheidungsunterstützungssystem hat das Potential, die Qualität des dynamischen Preismanagements in Unternehmen zu erhöhen, indem systematische Urteilsverzerrungen verhindert werden.

Drittens hat die vorliegende Arbeit das Potential von Online-Schnäppchen-Communities sowie relevante Einflussfaktoren auf die Online-Schnäppchenpopularität gezeigt. Zukünftige Forschung sollte insbesondere Schnäppchenportale, die auf nutzergenerierten Inhalten basieren, weitergehend untersuchen. Eine Möglichkeit wäre zum Beispiel, die Inhalte der Nutzerkommentare unter den jeweiligen Schnäppchenangeboten zu analysieren. Das in dieser Arbeit vorgestellte Modell bietet unter Einbeziehung von internen und externen Qualitätssignalen die Möglichkeit, ein Mindestmaß an erreichbarer Schnäppchenpopularität vorherzusagen. Dies ist auch für Hersteller und Händler hilfreich, die damit Verkaufsförderungsaktionen optimieren können.

Im Hinblick auf diese Implikationen sowie auf Basis der spezifischen Erkenntnisse der einzelnen Studien leistet die vorliegende Arbeit einen wichtigen Beitrag zu einer systematischen Gestaltung und Koordination differenzierter Mehrkanalsysteme, um Gewinnmaximierung in Unternehmen zu erreichen. Gleichzeitig legt sie die Grundlage für zukünftige Forschungsarbeiten, die die entwickelten Modelle aufgreifen, adaptieren und erweitern können, um so kontinuierlich optimale Entscheidungen in komplexen und dynamischen Vertriebsumgebungen zu gewährleisten.

Literaturverzeichnis

Agatz, N. A. H., Fleischmann, M., van Nunen, J. A. E. E. (2008), E-Fulfillment and Multi-Channel Distribution – A Review, European Journal of Operational Research, 187, 2, 339-356.

Akerlof, G. (1970), The Market for "Lemons": Quality Uncertainty and the Market Mechanism, Quarterly Journal of Economics, 84, 3, 488-500.

Alexa (2016a), Site Overview: How Popular is hotukdeals.com?, URL: http://www.alexa.com/siteinfo/hotukdeals.com [05.09.2016].

Alexa (2016b), Site Overview: How Popular is mydealz.de?, URL: http://www.alexa.com/siteinfo/mydealz.de [05.09.2016].

Amblee, N., Bui, T. (2011), Harnessing the Influence of Social Proof in Online Shopping: The Effect of Electronic Word of Mouth on Sales of Digital Microproducts, International Journal of Electronic Commerce, 16, 2, 91-114.

Anderson, E., Day, G. S., Rangan, V. K. (1997), Strategic Channel Design, MIT Sloan Management Review, 38, 4, 59-69.

Anderson, R. D., Engledow, J. L., Becker, H. (1979), Evaluating the Relationships Among Attitude Toward Business, Product Satisfaction, Experience, and Search Effort, Journal of Marketing Research, 16, 3, 394-400.

Ansari, A., Mela, C. F., Neslin, S. A. (2008), Customer Channel Migration, Journal of Marketing Research, 45, 1, 60-76.

Atenga (2016), Four Biggest U.S. Pricing Errors, URL: http://www.atenga.com/founders-blog/pricing-errors-made-by-large-companies [29.08.2016].

Avery, J., Steenburgh, T. J., Deighton, J., Caravella, M. (2012), Adding Bricks to Clicks: Predicting the Patterns of Cross-Channel Elasticities Over Time, Journal of Marketing, 76, 3, 96-111.

Aydin, G., Serhan, Z. (2009), Technical Note – Personalized Dynamic Pricing of Limited Inventories, Operations Research, 57, 6, 1523-1531.

Aydinli, A., Bertini, M., Lambrecht, A. (2014), Price Promotion for Emotional Impact, Journal of Marketing, 78, 4, 80-96.

Ba, S., Pavlou, P. A. (2002), Evidence of the Effect of Trust Building Technology in Electronic Markets: Price Premiums and Buyer Behavior, MIS Quarterly, 26, 3, 243-268.

Bae, S., Lee, T. (2011), Product Type and Consumers' Perception of Online Consumer Reviews, Electronic Markets, 21, 4, 255-266.

Bagozzi, R. P., Yi, Y. (1988), On the Evaluation of Structural Equation Models, Journal of the Academy of Marketing Science, 16, 1, 74-94.

Batra, R., Ahtola, O. T. (1991), Measuring the Hedonic and Utilitarian Sources of Consumer Attitudes, Marketing Letters, 2, 2, 159-170.

Bazerman, M. H., Moore, D. A. (2012), Judgement in Managerial Decision Making, 8. Auflage, Hoboken.

Bearden, W. O., Money, R. B., Nevins, J. L. (2006), A Measure of Long-Term Orientation: Development and Validation, Journal of the Academy of Marketing Science, 34, 3, 456-467.

Beatty, S. E., Smith, S. M. (1987), External Search Effort: An Investigation Across Several Product Categories, Journal of Consumer Research, 14, 1, 83-95.

Ben-Shabat, H., Moriarty, M., Nilforoushan, P., Yuen, C. (2015), Global Retail E-Commerce Keeps on Clicking, URL: https://www.atkearney.com/consumer-products-retail/e-commerce-index [12.08.2016].

Benlian, A., Titah, R., Hess, T. (2012), Differential Effects of Provider Recommendations and Consumer Reviews in e-Commerce Transactions: An Experimental Study, Journal of Management Information Systems, 29, 1, 237-272.

Bernstein, F., Federgruen, A. (2005), Decentralized Supply Chains with Competing Retailers under Demand Uncertainty, Management Science, 51, 1, 18-29.

Bernstein, F., Song, J., Zheng, X. (2008), Bricks-and-Mortar vs. Clicks-and-Mortar: An Equilibrium Analysis, European Journal of Operational Research, 187, 3, 671-690.

Bichler, M., Kalagnanam, J., Katircioglu, K., King, A. J., Lawrence, R. D., Lee, H. S., Lin, G. Y., Lu, Y. (2002), Applications of Flexible Pricing in Business-to-Business Electronic Commerce, IBM Systems Journal, 41, 2, 287-302.

Biller, S., Chan, L. M. A., Simchi-Levi, D., Swann, J. (2005), Dynamic Pricing and the Direct-to-Customer Model in the Automotive Industry, Electronic Commerce Research, 5, 2, 309-334.

Blattberg, R. C., Hoch, S. J. (1990), Database Models and Managerial Intuition: 50% Model + 50% Manager, Management Science, 36, 8, 887-899.

Blattberg, R. C., Neslin, S. A. (1990), Sales Promotion: Concepts, Methods, and Strategies, Upper Saddle River.

Bodur, H. O., Klein, N. M., Arora, N. (2015), Online Price Search: Impact of Price Comparison Sites on Offline Price Evaluations, Journal of Retailing, 91, 1, 125-139.

Breugelmans, E., Campo, K. (2016), Cross-Channel Effects of Price Promotions: An Empirical Analysis of the Multi-Channel Grocery Retail Sector, Journal of Retailing, in Kürze erscheinend [verfügbar über URL: http://www.sciencedirect.com/science/article/pii/S002243591600004X].

Briñol, P., Petty, R. E., Tormala, Z. L. (2004), Self-Validation of Cognitive Responses to Advertisements, Journal of Consumer Research, 30, 4, 559-573.

Burnham, K. P., Anderson, D. R. (2004), Multimodel Inference: Understanding AIC and BIC in Model Selection, Sociological Methods & Research, 33, 1, 261-304.

Burnkrant, R. E., Cousineau, A. (1975), Informational and Normative Social Influence in Buyer Behavior, Journal of Consumer Research, 2, 3, 206-215.

Cachon, G. P. (2003), Supply Chain Coordination with Contracts, Handbooks in Operations Research and Management Science, 11, 227-339, Amsterdam.

Cachon G. P., Feldman, P. (2010), Dynamic Versus Static Pricing in the Presence of Strategic Consumers, Arbeitspapier, The Wharton School.

Cachon, G. P., Lariviere, M. A. (2005), Supply Chain Coordination with Revenue-Sharing Contracts: Strengths and Limitations, Management Science, 51, 1, 30-44.

Cai, G. (2010), Channel Selection and Coordination in Dual-Channel Supply Chains, Journal of Retailing, 86, 1, 22-36.

Cao, Z., Hui, K. L., Xu, H. (2015), When Discounts Hurt Sales: The Case of Daily-Deal Markets, Arbeitspapier, Hong Kong University of Science and Technology.

Caro, F., Gallien, J. (2012), Clearance Pricing Optimization for a Fast-Fashion Retailer, Operations Research, 60, 6, 1404-1422.

Cattani, K., Gilland, W., Heese, H. S., Swaminathan, J. M. (2006), Boiling Frogs: Pricing Strategies for a Manufacturer Adding a Direct Channel that Competes with the Traditional Channel, Production and Operations Management, 15, 1, 40-56.

Che, H., Sudhir, K., Seetharaman, P. B. (2007), Bounded Rationality in Pricing under State-Dependent Demand: Do Firms Look Ahead, and If So, How Far?, Journal of Marketing Research, 44, 3, 434-449.

Chen, J., Zhang, C., Xu, Y. (2009), The Role of Mutual Trust in Building Members' Loyalty to a C2C Platform Provider, International Journal of Electronic Commerce, 14, 1, 147-171.

Chen, M., Chen, Z.-L. (2015), Recent Developments in Dynamic Pricing Research: Multiple Products, Competition, and Limited Demand Information, Production and Operations Management, 24, 5, 704-731.

Chen, Y., Xie, J. (2008), Online Consumer Review: Word-of-Mouth as a New Element of Marketing Communication Mix, Management Science, 54, 3, 477-491.

Chen, Y. C., Fang, S.-C., Wen, U.-P. (2013), Pricing Policies for Substitutable Products in a Supply Chain with Internet and Traditional Channels, European Journal of Operational Research, 224, 3, 542-551.

Cheung, C. M. K., Lee, M. K. O. (2012), What Drives Consumers to Spread Electronic Word of Mouth in Online Consumer-Opinion Platforms, Decision Support Systems, 53, 1, 218-225.

Cheung, C. M. K., Xiao, B. S., Liu, I. L. B. (2014), Do Actions Speak Louder Than Voices? The Signaling Role of Social Information Cues in Influencing Consumer Purchase Decisions, Decision Support Systems, 65, September, 50-58.

Chevalier, J. A., Mayzlin, D. (2006), The Effect of Word of Mouth on Sales: Online Book Reviews, Journal of Marketing Research, 43, 3, 345-354.

Chiang, W. K., Chhajed, D., Hess, J. D. (2003), Direct Marketing, Indirect Profits: A Strategic Analysis of Dual-Channel Supply-Chain Design, Management Science, 49, 1, 1-20.

Choi, S. C. (1991), Price Competition in a Channel Structure with a Common Retailer, Marketing Science, 10, 4, 271-296.

Choi, S. C. (1996), Price Competition in a Duopoly Common Retailer Channel, Journal of Retailing, 72, 2, 117-134.

Chu, J., Chintagunta, P. K., Vilcassim, N. J. (2007), Assessing the Economic Value of Distribution Channels: An Application to the Personal Computer Industry, Journal of Marketing Research, 44, 1, 29-41.

Chu, W., Choi, B., Song, M. R. (2005), The Role of On-line Retailer Brand and Infomediary Reputation in Increasing Consumer Purchase Intention, International Journal of Electronic Commerce, 9, 3, 115-127.

Cialdini, R. B. (2001), Influence: Science and Practice, Needham Heights.

Colombo, Luca, Labrecciosa, P. (2012), A Note on Pricing with Risk Aversion, European Journal of Operational Research, 216, 1, 252-254.

Connelly, B. L., Certo, S. T., Ireland, R. D., Reutzel, C. R. (2011), Signaling Theory: A Review and Assessment, Journal of Management, 37, 1, 39-67.

Cooper, W. L., Homem-de-Mello, T., Kleywegt, A. J. (2015), Learning and Pricing with Models that Do Not Explicitly Incorporate Competition, Operations Research, 63, 1, 86-103.

Cui, G., Lui, H. K., Guo, X. (2012), The Effect of Online Consumer Reviews on New Product Sales, International Journal of Electronic Commerce, 17, 1, 39-58.

Dan, B., Xu, G., Liu, C. (2012), Pricing Policies in a Dual-Channel Supply Chain with Retail Services, International Journal of Production Economics, 139, 1, 312-320.

Dasci, A., Karakul, M. (2009), Two-Period Dynamic Versus Fixed-Ratio Pricing in a Capacity Constrained Duopoly, European Journal of Operational Research, 197, 3, 945-968.

Day, G. S., Montgomery, D. B. (1999), Charting New Directions for Marketing, Journal of Marketing, 63, 4, 3-13.

Deleersnyder, B., Geyskens, I., Gielens, K., Dekimpe, M. G. (2002), How Cannibalistic is the Internet Channel? A Study of the Newspaper Industry in the United Kingdom and the Netherlands, International Journal of Research in Marketing, 19, 4, 337-348.

Devaraj, S., Fan, M., Kohli, R. (2002), Antecedents of B2C Channel Satisfaction and Preference: Validating E-Commerce Metrics, Information Systems Research, 13, 3, 316-333.

Dholakia, U. M., Bagozzi, R. P., Pearo, L. K. (2004), A Social Influence Model of Consumer Participation in Network- and Small-Group-Based Virtual Communities, International Journal of Research in Marketing, 21, 3, 241-263.

Dimoka, A., Hong, Y., Pavlou, P. A. (2012), On Product Uncertainty in Online Markets: Theory and Evidence, MIS Quarterly, 36, 2, 395-426.

Dinner, I. M., Van Heerde, H. J., Neslin, S. A. (2014), Driving Online and Offline Sales: The Cross-Channel Effects of Traditional, Online Display, and Paid Search Advertising, Journal of Marketing Research, 51, 5, 527-545.

Dodds, W. B. (1995), Market Cues Affect on Consumers' Product Evaluations, Journal of Marketing Theory and Practice, 3, 2, 50-63.

Dodds, W. B., Monroe, K. B., Grewal, D. (1991), Effects of Price, Brand, and Store Information on Buyers' Product Evaluations, Journal of Marketing Research, 28, 8, 307-319.

Dorner, V., Ivanova, O., Scholz. M. (2013), Think Twice Before You Buy! How Recommendations Affect Three-Stage Purchase Decision Process, Proceedings of International Conference on Information Systems (ICIS), Mailand.

Dumrongsiri, A., Fan, M., Jain, A., Moinzadeh, K. (2008), A Supply Chain Model with Direct and Retail Channels, European Journal of Operational Research, 187, 3, 691-718.

Eisenbeiss, M., Wilken, R., Skiera, B., Cornelissen, M. (2015), What Makes Deal-of-the-Day Promotions Really Effective? The Interplay of Discount and Time Constraint with Product Type, International Journal of Research in Marketing, 32, 4, 387-397.

Eisend, M. (2015), Have We Progressed Marketing Knowledge? A Meta-Meta-Analysis of Effect Sizes in Marketing Research, Journal of Marketing, 79, 3, 23-40.

Elmaghraby, W., Keskinocak, P. (2003), Dynamic Pricing in the Presence of Inventory Considerations: Research Overview, Current Practices, and Future Directions, Management Science, 49, 10, 1287-1309.

Erdelyi, A., Topaloglu, H. (2011), Using Decomposition Methods to Solve Pricing Problems in Network Revenue Management, Journal of Revenue & Pricing Management, 10, 4, 325-343.

Erickson, G. M., Johansson, J. K. (1985), The Role of Price in Multi-Attribute Product Evaluations, Journal of Consumer Research, 12, 2, 195-199.

Faull, J. (2015), HotUKDeals and Voucherbox Partner to Create 'Super-Sized' Hub of Exclusive Discount Codes, URL: http://www.thedrum.com/news/2015/02/16/hotukdeals-and-voucherbox-partner-create-super-sized-hub-exclusive-discount-codes [02.05.2016].

Fiedler, M., Sarstedt, M. (2014), Influence of Community Design on User Behaviors in Online Communities, Journal of Business Research, 67, 11, 2258-2268.

Floyd, K., Freling, R., Alhoqail, S., Cho, H. Y., Freling, T. (2014), How Online Product Reviews Affect Retail Sales: A Meta-Analysis, Journal of Retailing, 90, 2, 217-232.

Forman, C., Ghose, A., Wiesenfeld, B. (2008), Examining the Relationship Between Reviews and Sales: The Role of Reviewer Identity Disclosure in Electronic Markets, Information Systems Research, 19, 3, 291-313.

Fornell, C., Larcker, D. F. (1981), Evaluating Structural Equation Models with Unobservable Variables and Measurement Error, Journal of Marketing Research, 18, 1, 39-50.

Ganesan, S., George, M., Jap, S., Palmatier, R. W., Weitz, B. A. (2009), Supply Chain Management and Retailer Performance: Emerging Trends, Issues, and Implications for Research and Practice, Journal of Retailing, 85, 1, 84-94.

Gary, M. S., Wood, R. E., Pillinger, T. (2012), Enhancing Mental Models, Analogical Transfer, and Performance in Strategic Decision Making, Strategic Management Journal, 33, 1229-1246.

Gensler, S., Verhoef, P. C., Böhm, M. (2012), Understanding Consumers' Multichannel Choices across the Different Stages of the Buying Process, Marketing Letters, 23, 4, 987-1003.

George, E., Chattopadhyay, P., Sitkin, S. B., Barden, J. (2006), Cognitive Underpinnings of Institutional Persistence and Change: A Framing Perspective, Academy of Management Review, 31, 2, 347-365.

Geyskens, I., Gielens, K., Dekimpe, M. G. (2002), The Market Valuation of Internet Channel Additions, Journal of Marketing, 66, 2, 102-119.

Ghose, A., Ipeirotis, P. G. (2011), Estimating the Helpfulness and Economic Impact of Product Reviews: Mining Text and Reviewer Characteristics, IEEE Transactions on Knowledge and Data Engineering, 23, 10, 1498-1512.

Goad, N., Izaret, J.-M., Hariharan, G., Kuppuswamy, B. (2015), Winning at Omnichannel Pricing: Maximizing Growth While Protecting Margins, URL: https://www.bcgperspectives.com/content/articles/retail-pricing-winning-omnichannel-pricing-maximizing-growth-while-protecting-margins/ [12.08.2016].

Godes, D., Mayzlin, D. (2004), Using Online Conversations to Study Word-of-Mouth Communication, Marketing Science, 23, 4, 545-560.

Godes, D., Mayzlin, D., Chen, Y., Das, S., Dellarocas, C., Pfeiffer, B., Libai, B., Sen, S., Shi, M., Verlegh, P. (2005), The Firm's Management of Social Interactions, Marketing Letters, 16, 3, 415-428.

Gopal, R. D., Pathak, B., Tripathi, A. K., Yin, F. (2006), From Fatwallet to eBay: An Investigation of Online Deal-Forums and Sales Promotions, Journal of Retailing, 82, 2, 155-164.

Graham, J. R., Harvey, C. R., Rajgopal, S. (2005), The Economic Implications of Corporate Financial Reporting, Journal of Accounting and Economics, 40, 1, 3-73.

Granados, N., Gupta, A., and Kauffman, R. J. (2012), Online and Offline Demand and Price Elasticities: Evidence from the Air Travel Industry, Information Systems Research, 23, 1, 164-181.

Gray, B. (2010), Fine Tuning Market Oriented Practices, Business Horizons, 53, 4, 371-383.

Grewal, D., Ailawadi, K. L., Gauri, D., Hall, K., Kopalle, P., Robertson, J. R. (2011), Innovations in Retail Pricing and Promotions, Journal of Retailing, 87, S43-S52.

Grewal, D., Roggeveen, A. L., Compeau, L. D., Levy, M. (2012), Retail Value-Based Pricing Strategies: New Times, New Technologies, New Consumers, Journal of Retailing, 88, 1, 1-6.

Grieger, M. (2003), Electronic Marketplaces: A Literature Review and a Call for Supply Chain Management Research, European Journal of Operational Research, 144, 2, 280-294.

Griffith, D. E., Rust, R. T. (1997), The Price of Competitiveness in Competitive Pricing, Journal of the Academy of Marketing Science, 25, 2, 109-116.

Groot, N., De Schutter, B., Hellendoorn, H. (2012), Reverse Stackelberg Games, Part I: Basic Framework, IEEE International Conference on Control Applications, 421-426.

Gu, B., Park, J., Konana, P. (2012), The Impact of External Word-of-Mouth Sources on Retailer Sales of High-Involvement Products, Information Systems Research, 23, 1, 182-196.

Guadagno, R. E., Muscanell, N. L., Rice, L. M., Roberts, N. (2013), Social Influence Online: The Impact of Social Validation and Likability on Compliance, Psychology of Popular Media Culture, 2, 1, 51-60.

Gupta, S. (1994), Managerial Judgement and Forecast Combination: An Experimental Study, Marketing Letters, 5, 1, 5-17.

Hair, J. F., Black, W. C., Babin, B. J., Anderson, R. E. (2006), Multivariate Data Analysis, 6. Auflage, Upper Saddle River.

Hall, J. M., Kopalle, P. K., Krishna, A. (2010), Retailer Dynamic Pricing and Ordering Decisions: Category Management Versus Brand-by-Brand Approaches, Journal of Retailing, 86, 2, 172-183.

Hamilton, R., Chernev, A. (2013), Low Prices Are Just the Beginning: Price Image in Retail Management, Journal of Marketing, 77, 6, 1-20.

HDE (2016), Handelsverband Deutschland Online-Monitor, Berlin.

Helbling, J., Leibowitz, J., Rettaliata, A. (2011), The Value Proposition in Multichannel Retailing, McKinsey Quarterly [verfügbar über URL: http://www.mckinsey.com/business-functions/marketing-and-sales/our-insights/the-value-proposition-in-multichannel-retailing].

Hirschman, E. C., Holbrook, M. B. (1982), Hedonic Consumption: Emerging Concepts, Methods, and Propositions, Journal of Marketing, 46, 3, 92-101.

Homburg, C., Fürst, A., Ehrmann, T., Scheinker, E. (2013), Incumbents' Defense Strategies: A Comparison of Deterrence and Shakeout Strategy Based on Evolutionary Game Theory, Journal of the Academy of Marketing Science, 41, 2, 185-205.

Homburg, C., Schäfer, S., Schneider, J. (2012), Sales Excellence, Heidelberg.

Homburg, C., Totzek, D., Krämer, M. (2014), How Price Complexity Takes Its Toll: The Neglected Role of a Simplicity Bias and Fairness in Price Evaluations, Journal of Business Research, 67, 6, 1114-1122.

HotUKDeals (2016), Deals, Discounts & Voucher Codes, URL: http://www.hotukdeals.com/ [05.09.2016].

Hsiao, L., Chen, Y. (2014), Strategic Motive for Introducing Internet Channels in a Supply Chain, Production and Operations Management, 23, 1, 36-47.

Huang, W., Swaminathan, J. M. (2009), Introduction of a Second Channel: Implications for Pricing and Profits, European Journal of Operational Research, 194, 1, 258-279.

Huberman, G. (2001), Familiarity Breeds Investment, Review of Financial Studies, 14, 3, 659-680.

Hunt, J. M., Forman, H. (2006), The Role of Perceived Risk in Pricing Strategy for Industrial Products: A Point-of-View Perspective, Journal of Product & Brand Management, 15, 6, 386-393.

Hutchinson, J. W., Meyer, R. J., Brenner, L. (2016), Extreme Bias and Instant Learning: The Intuitive Statistics of Maximum Values, Arbeitspapier, The Wharton School.

Ingene, C. A., Parry, M. E. (2004), Mathematical Models of Distribution Channels, Boston.

Iyer, G. (1998), Coordinating Channels Under Price and Nonprice Competition, Marketing Science, 17, 4, 338-355.

Iyer, G., Villas-Boas, J. M. (2003), A Bargaining Theory of Distribution Channels, Journal of Marketing Research, 40, 1, 80-100.

Iyer, G. R., Xiao, S. H., Sharma, A., Nicholson, M. (2015), Behavioral Issues in Price Setting in Business-to-Business Marketing: A Framework for Analysis, Industrial Marketing Management, 47, 6-16.

Jacobsen, R., Aaker, D. (1993), Myopic Management Behavior with Efficient, but Imperfect, Financial Markets, Journal of Accounting and Economics, 16, 4, 383-405.

Jain, C. L. (2004), Business Forecasting Practices in 2003, The Journal of Business Forecasting, 23, 3, 2-7.

Jang, S., Prasad, A., Ratchford, B. T. (2012), How Consumers Use Product Reviews in the Purchase Decision Process, Marketing Letters, 23, 3, 825-838.

Jeuland, A. P., Shugan, S. M. (1983), Managing Channel Profits, Marketing Science, 2, 3, 239-272.

Jindal, R. P., Reinartz, W., Krafft, M., Hoyer, W. D. (2007), Determinants of the Variety of Routes to Market, International Journal of Research in Marketing, 24, 1, 17-29.

Kabadayi, S., Eyuboglu, N., Thomas, G. P. (2007), The Performance Implications of Designing Multiple Channels to Fit with Strategy and Environment, Journal of Marketing, 71, 4, 195-211.

Kadiyali, V., Chintagunta, P., Vilcassim, N. (2000), Manufacturer-Retailer Channel Interactions and Implications for Channel Power: An Empirical Investigation of Pricing in a Local Market, Marketing Science, 19, 2, 127-148.

Kambil, A., Agrawal, V. (2001), The New Realities of Dynamic Pricing, Outlook, 2, 15-21.

Kayhan, V. O., McCart, J. A., Bhattacherjee, A. (2010), Cross-Bidding in Simultaneous Online Auctions: Antecedents and Consequences, Information & Management, 47, 7, 325-332.

Kazaz, B., Webster, S. (2015), Technical Note – Price-Setting Newsvendor Problems with Uncertain Supply and Risk Aversion, Operations Research, 63, 4, 807-811.

Kireyev, P., Kumar, V., Ofek, E. (2015), Match Your Own Price? Self-Matching as a Retailer's Multichannel Pricing Strategy, Arbeitspapier, Harvard Business School.

Kirmani, A., Rao, A. R. (2000), No Pain, No Gain: A Critical Review of the Literature on Signaling Unobservable Product Quality, Journal of Marketing, 64, 2, 66-79.

Koenker, R. (2005), Quantile Regression, Cambridge.

Kopalle, P. K., Biswas, D., Chintagunta, P. K., Fan, J., Pauwels, K., Ratchford, B. T., Sills, J. A. (2009), Retailer Pricing and Competitive Effects, Journal of Retailing, 85, 1, 56-70.

Kopalle, P. K., Lehmann, D. R. (2015), The Truth Hurts: How Customers May Lose from Honest Advertising, International Journal of Research in Marketing, 32, 3, 251-262.

Kuan, K. K., Zhong, Y., Chau, P. Y. (2014), Informational and Normative Social Influence in Group-Buying: Evidence from Self-Reported and EEG Data, Journal of Management Information Systems, 30, 4, 151-178.

Kumar, V., Venkatesan, R. (2005), Who Are the Multichannel Shoppers and How Do They Perform?: Correlates of Multichannel Shopping Behavior, Journal of Interactive Marketing, 19, 2, 44-62.

Leal, G. P. A., Hor-Meyll, L. F., Pessôa, L. A. G. de P. (2014), Influence of Virtual Communities in Purchasing Decisions: The Participants' Perspective, Journal of Business Research, 67, 5, 882-890.

Lee, E., Staelin, R., Yoo, W. S., Du, R. (2013), A "Meta-Analysis" of Multibrand, Multioutlet Channel Systems, Management Science, 59, 9, 1950-1969.

Lee, H. L., So, K. C., Tang, C. S. (2000), The Value of Information Sharing in a Two-Level Supply Chain, Management Science, 46, 5, 626-643.

Lee, K., Lee, B., Oh, W. (2015), Thumbs Up, Sales Up? The Contingent Effect of Facebook Likes on Sales Performance in Social Commerce, Journal of Management Information Systems, 32, 4, 109-143.

Lee, M. K., Shi, N., Cheung, C. M., Lim, K. H., Sia, C. L. (2011), Consumer's Decision to Shop Online: The Moderating Role of Positive Informational Social Influence, Information & Management, 48, 6, 185-191.

Leeflang, P. S. H., Parreño-Selva, J. (2012), Cross-Category Demand Effects of Price Promotions, Journal of the Academy of Marketing Science, 40, 4, 572-586.

Leeflang, P. S. H., Wittink, D. R. (2000), Building Models for Marketing Decisions: Past, Present, and Future, International Journal of Research in Marketing, 17, 2-3, 105-126.

Lewis, M., Singh, V., Fay, S. (2006), An Empirical Study of the Impact of Nonlinear Shipping and Handling Fees on Purchase Incidence and Expenditure Decisions, Marketing Science, 25, 1, 51-64.

Li, S., Srinivasan, K., Sun, B. (2009), Internet Auction Features as Quality Signals, Journal of Marketing, 73, 1, 75-92.

Li, T., Kauffman, R. J., Van Heck, E., Vervest, P., Dellaert, B. G. (2014), Consumer Informedness and Firm Information Strategy, Information Systems Research, 25, 2, 345-363.

Li, X., Hitt, L. M., Zhang, Z. J. (2011), Product Reviews and Competition in Markets for Repeat Purchase Products, Journal of Management Information Systems, 27, 4, 9-42.

Libai, B., Bolton, R., Bügel, M. S., De Ruyter, K., Götz, O., Risselada, H., Stephen, A. T. (2010), Customer-to-Customer Interactions: Broadening the Scope of Word of Mouth Research, Journal of Service Research, 13, 3, 267-282.

Lichtenstein, D. R., Ridgway, N. M., Netemeyer, R. G. (1993), Price Perceptions and Consumer Shopping Behavior: A Field Study, Journal of Marketing Research, 30, 2, 234-245.

Lilien, G. L. (2011), Bridging the Academic-Practitioner Divide in Marketing Decision Models, Journal of Marketing, 75, 4, 196-210.

Lin, K. Y., Sibdari, S. Y. (2009), Dynamic Price Competition with Discrete Customer Choices, European Journal of Operational Research, 197, 3, 969-980.

Littleson, R. (2008), Responding to Demand Volatility – A Demanding Undertaking? It Doesn't Have to Be, URL: http://www.industryweek.com/companies-amp-executives/responding-demand-volatility [25.08.2016].

Liu, Q., Zhang, D. (2013), Dynamic Pricing Competition with Strategic Customers under Vertical Product Differentiation, Management Science, 59, 1, 84-101.

Luo, J., Ba, S., Zhang, H. (2012), The Effectiveness of Online Shopping Characteristics and Well-Designed Websites on Satisfaction, MIS Quarterly, 36, 4, 1131-1144.

Luo, X., Andrews, M., Song, Y., Aspara, J. (2014), Group-Buying Deal Popularity, Journal of Marketing, 78, 2, 20-33.

MacKinnon, J. G., White, H. (1985), Some Heteroscedasticity-Consistent Covariance Matrix Estimators with Improved Finite Sample Properties, Journal of Econometrics, 29, 3, 305-325.

Maecker, O., Grabenströer, N. S., Clement, M., Heitmann. M. (2013), Charts and Demand: Empirical Generalizations on Social Influence, International Journal of Research in Marketing, 30, 4, 429-431.

Mantrala, M. K., Rao, S. (2001), A Decision-Support System that Helps Retailers Decide Order Quantities and Markdowns for Fashion Goods, Interfaces, 31, 3, 146-165.

Martín-Herrán, G., Taboubi, S., Zaccour, G. (2012), Dual Role of Price and Myopia in a Marketing Channel, European Journal of Operational Research, 219, 2, 284-295.

McGuire, T. W., Staelin, R. (1983), An Industry Equilibrium Analysis of Downstream Vertical Integration, Marketing Science, 2, 2, 161-191.

Miller, K. D., Fabian, F., Lin, S. J. (2009), Strategies for Online Communities, Strategic Management Journal, 30, 3, 305-322.

Mishra, S., Umesh, U. N., Stem D. E. Jr. (1993), Antecedents of the Attraction Effect: An Information-Processing Approach, Journal of Marketing Research, 30, 3, 331-349.

Mizik, N. (2010), The Theory and Practice of Myopic Management, Journal of Marketing Research, 47, 4, 594-611.

Moe, W. W., Schweidel, D. A. (2012), Online Product Opinions: Incidence, Evaluation, and Evolution, Marketing Science, 31, 3, 372-386.

Monroe, K. B., Della Bitta, A. J. (1978), Models for Pricing Decisions, Journal of Marketing Research, 15, 3, 413-428.

Montgomery, D. B., Chapman Moore, M., Urbany, J. E. (2005), Reasoning About Competitive Reactions: Evidence from Executives, Marketing Science, 24, 1, 138-149.

Moorman, C. (2016), CMO Survey Report: Highlights and Insights, Duke's Fuqua School of Business.

Moorthy, K. S. (1987), Managing Channel Profits: Comment, Marketing Science, 6, 4, 375-379.

Moriarty, R. T., Moran, U. (1990), Managing Hybrid Marketing Systems, Harvard Business Review, 90, 6, 146-155.

Mu, Y. (2014), Inverse Stackelberg Public Goods Game with Multiple Hierarchies Under Global and Local Information Structures, Journal of Optimization Theory and Applications, 163, 1, 332-350.

Mudambi, S. M., Schuff, D. (2010), What Makes a Helpful Online Review? A Study of Customer Reviews on Amazon.com, MIS Quarterly, 34, 1, 185-200.

Nachiappan, S. P., Jawahar, N. (2007), A Genetic Algorithm for Optimal Operating Parameters of VMI System in a Two-Echelon Supply Chain, European Journal of Operational Research, 182, 3, 1433-1452.

Natter, M., Reutterer, T., Mild, A., Taudes, A. (2007), Practice Prize Report – An Assortmentwide Decision-Support System for Dynamic Pricing and Promotion Planning in DIY Retailing, Marketing Science, 26, 4, 576-583.

Nelson, P. (1974), Advertising as Information, Journal of Political Economy, 82, 4, 729-754.

Neslin, S. A., Grewal, D., Leghorn, R., Shankar, V., Teerling, M. L., Thomas, J. S., Verhoef, P. C. (2006), Challenges and Opportunities in Multichannel Customer Management, Journal of Service Research, 9, 2, 95-112.

Neslin, S. A., Shankar, V. (2009), Key Issues in Multichannel Customer Management: Current Knowledge and Future Directions, Journal of Interactive Marketing, 23, 1, 70-81.

Noble, P. M., Gruca, T. S. (1999), Industrial Pricing: Theory and Managerial Practice, Marketing Science, 18, 3, 435-454.

Oh, W., Lucas, H. C. Jr. (2006), Information Technology and Pricing Decisions: Price Adjustments in Online Computer Markets, MIS Quarterly, 30, 3, 755-775.

Ou, C. X. J., Chan, K. C. C. (2014), Developing a Competitive Edge in Electronic Markets via Institutional and Social Based Quality Signaling Mechanisms, Information & Management, 51, 5, 532-540.

Overby, E., Jap, S. (2009), Electronic and Physical Market Channels: A Multiyear Investigation in a Market for Products of Uncertain Quality, Management Science, 55, 6, 940-957.

Park, D. H., Kim, S. (2008), The Effects of Consumer Knowledge on Message Processing of Electronic Word-of-Mouth via Online Consumer Reviews, Electronic Commerce Research and Applications, 7, 4, 399-410.

Pasternack, B. A. (1985), Optimal Pricing and Return Policies for Perishable Commodities, Marketing Science, 4, 2, 166-176.

Pauwels, K., Neslin, S. A. (2015), Building with Bricks and Mortar: The Revenue Impact of Opening Physical Stores in a Multichannel Environment, Journal of Retailing, 91, 2, 182-197.

Pavlou, P. A., Dimoka, A. (2006), The Nature and Role of Feedback Text Comments in Online Marketplaces: Implications for Trust Building, Price Premiums, and Seller Differentiation, Information Systems Research, 17, 4, 392-414.

Pei, Z., Yan, R. (2015), Do Channel Members Value Supportive Retail Services? Why?, Journal of Business Research, 68, 6, 1350-1358.

Power, D. J., Sharda, R. (2007), Model-Driven Decision Support Systems: Concepts and Research Directions, Decision Support Systems, 43, 3, 1044-1061.

Raju, J. S., Roy, A. (2000), Market Information and Firm Performance, Management Science, 46, 8, 1075-1084.

Rao, V. R., Kartono, B. (2009), Pricing Objectives and Strategies: A Cross-Country Survey, in: Rao, V. R. (Hrsg.), Handbook of Pricing Research in Marketing, Elgar, Cheltenham, 9-36.

Reed, B. (2013), Samsung Spent an Insane Amount of Money to Make 2013 Its Biggest Year Yet, URL: http://bgr.com/2013/12/17/samsung-sales-promotion-spending-2013/ [02.05.2016].

Rohm, A. J., Swaminathan, V. (2004), A Typology of Online Shoppers Based on Shopping Motivations, Journal of Business Research, 57, 7, 748-757.

Rusetski, A. (2014), Pricing by Intuition: Managerial Choices with Limited Information, Journal of Business Research, 67, 8, 1733-1743.

Salas, E., Rosen, M. A., DiazGranados, D. (2009), Expertise-Based Intuition and Decision Making in Organizations, Journal of Management, 36, 4, 941-973.

Savaskan, R. C., Bhattacharya, S., Van Wassenhove, L. N. (2004), Closed-Loop Supply Chain Models with Product Remanufacturing, Management Science, 50, 2, 239-252.

Schindler, R. M. (1989), The Excitement of Getting a Bargain: Some Hypotheses Concerning the Origins and Effects of Smart-Shopper Feelings, Advances in Consumer Research, 16, 1, 447-453.

Scholz, M., Dorner, V., Landherr, A., Probst, F. (2013), Awareness, Interest, and Purchase: The Effects of User- and Marketer-Generated Content on Purchase Decision Processes, Proceedings of International Conference on Information Systems (ICIS), Mailand.

Sen, S., Lerman, D. (2007), Why are You Telling Me This? An Examination into Negative Consumer Reviews on the Web, Journal of Interactive Marketing, 21, 4, 76-94.

Sethuraman, R., Srinivasan, V. (2002), The Asymmetric Share Effect: An Empirical Generalization on Cross-Price Effects, Journal of Marketing Research, 39, 3, 379-386.

Sethuraman, R., Tellis, G. J. (1991), An Analysis of the Tradeoff Between Advertising and Price Discounting, Journal of Marketing Research, 28, 2, 160-174.

Sharma, P. (2010), Measuring Personal Cultural Orientations: Scale Development and Validation, Journal of the Academy of Marketing Science, 38, 6, 787-806.

Shen, H., Basar, T. (2007), Incentive-Based Pricing for Network Games with Complete and Incomplete Information, in: Jørgensen, S., Quincampoix, M., Vincent, T. L. (Hrsg.), Advances in Dynamic Game Theory, Numerical Methods, Algorithms, and Applications to Ecology and Economics, Boston.

Shiv, B., Fedorikhin, A. (1999), Heart and Mind in Conflict: The Interplay of Affect and Cognition in Consumer Decision Making, Journal of Consumer Research, 26, 3, 278-292.

Silva-Risso, J. M., Bucklin, R. E., Morrison, D. G. (1999), A Decision Support System for Planning Manufacturers' Sales Promotion Calendars, Marketing Science, 18, 3, 274-300.

Simon, H. A. (1982), Models of Bounded Rationality: Empirically Grounded Economic Reason, 3. Auflage, Cambridge.

Smith, M. D., Brynjolfsson, E. (2001), Consumer Decision-Making at an Internet Shopbot: Brand Still Matters, Journal of Industrial Economics, 49, 4, 541-558.

Song, M., Park, E., Yoo, B., Jeon, S. (2016), Is the Daily Deal Social Shopping?: An Empirical Analysis of Customer Panel Data, Journal of Interactive Marketing, 33, 57-76.

Spiegel (2012), Technikpanne – Otto-Versand storniert 50.000 Bestellungen, URL: http://www.spiegel.de/netzwelt/web/otto-versand-technikpanne-im-onlineshop-a-869493.html [21.09.2016].

Stenfors, S., Tanner, L., Syrjänen, M., Seppälä, T., Haapalinna, I. (2007), Executive Views Concerning Decision Support Tools, European Journal of Operational Research, 181, 2, 929-938.

Stewart, W. H. Jr., Roth, P. L. (2001), Risk Propensity Differences Between Entrepreneurs and Managers: A Meta-Analytic Review, Journal of Applied Psychology, 86, 1, 145-153.

Strecker, R. (2015), Menschen an der Haustür unvorbereitet anzusprechen und einen Staubsauger verkaufen zu wollen, passt nicht mehr in unsere Zeit, Marketing Review St. Gallen, 32, 6, 8-11.

Sudhir, K. (2001), Structural Analysis of Manufacturer Pricing in the Presence of a Strategic Retailer, Marketing Science, 20, 3, 244-264.

Talluri, K., van Ryzin, G. (2004), The Theory and Practice of Revenue Management, Norwell.

Taylor, T. A. (2002), Supply Chain Coordination Under Channel Rebates with Sales Effort Effects, Management Science, 48, 8, 992-1007.

Thompson, S. A., Gooner, R. A., Kim, A. (2015), Your Mileage May Vary: Managing Untargeted Consumers' Reactions to Promotions, Journal of the Academy of Marketing Science, 43, 6, 713-729.

Tsay, A. A. (1999), The Quantity Flexibility Contract and Supplier-Customer Incentives, Management Science, 45, 10, 1339-1358.

Tsay, A. A., Agrawal, N. (2000), Channel Dynamics Under Price and Service Competition, Manufacturing and Service Operations Management, 2, 4, 372-391.

Tsay, A. A., Agrawal, N. (2004), Channel Conflict and Coordination in the E-Commerce Age, Production and Operations Management, 13, 1, 93-110.

Tversky, A., Kahneman, D. (1974), Judgment Under Uncertainty: Heuristics and Biases, Science, 185, 4157, 1124-1231.

Van Bruggen, G. H., Antia, K. D., Jap, S., Reinartz, W. J., Pallas, F. (2010), Managing Marketing Channel Multiplicity, Journal of Service Research, 13, 3, 331-340.

Venkatesan, R., Farris, P. W. (2012), Measuring and Managing Returns from Retailer-Customized Coupon Campaigns, Journal of Marketing, 76, 1, 76-94.

Venkatesan, R., Kumar, V., Ravishanker, N. (2007), Multichannel Shopping: Causes and Consequences, Journal of Marketing, 71, 2, 114-132.

Venkatesh, V., Brown, S. A. (2001), A Longitudinal Investigation of Personal Computers in Homes: Adoption Determinants and Emerging Challenges, MIS Quarterly, 25, 1, 71-102.

Verhoef, P. C., Kannan, P. K., Inman, J. J. (2015), From Multi-Channel Retailing to Omni-Channel Retailing: Introduction to the Special Issue on Multi-Channel Retailing, Journal of Retailing, 91, 2, 174-181.

Verhoef, P. C., Neslin, S. A., Vroomen, B. (2007), Multichannel Customer Management: Understanding the Research-Shopper Phenomenon, International Journal of Research in Marketing, 24, 2, 129-148.

Vinhas, A. S., Anderson, E. (2005), How Potential Conflict Drives Channel Structure: Concurrent (Direct and Indirect) Channels, Journal of Marketing Research, 42, 4, 507-515.

Vinhas, A. S., Heide, J. B. (2014), Forms of Competition and Outcomes in Dual Distribution Channels: The Distributor's Perspective, Marketing Science, 34, 1, 160-175.

Völckner, F. (2008), The Dual Role of Price: Decomposing Consumers' Reactions to Price, Journal of the Academy of Marketing Science, 36, 3, 359-377.

Wang, Y., Jiang, L., Shen, Z.-J. (2004), Channel Performance Under Consignment Contract with Revenue Sharing, Management Science, 50, 1, 34-47.

Wang, J. J., Zhao, X., Li, J. J. (2013), Group Buying: A Strategic Form of Consumer Collective, Journal of Retailing, 89, 3, 338-351.

Weisstein, F. L., Monroe, K. B., Kukar-Kinney, M. (2013), Effects of Price Framing on Consumers' Perceptions of Online Dynamic Pricing Practices, Journal of the Academy of Marketing Science, 41, 5, 501-514.

Wells, J. D., Valacich, J. S., Hess, T. J. (2011), What Signal Are You Sending? How Consumer-Facing Technology Influences Perceptions of Quality, MIS Quarterly, 35, 2, 373-397.

Weng, Z. K. (1995), Channel Coordination and Quantity Discounts, Management Science, 41, 9, 1509-1522.

Wiesel, T., Pauwels, K., Arts, J. (2011), Practice Prize Paper – Marketing's Profit Impact: Quantifying Online and Offline Funnel Progression, Marketing Science, 30, 4, 604-611.

Wolk, A., Ebling, C. (2010), Multi-Channel Price Differentiation: An Empirical Investigation of Existence and Causes, International Journal of Research in Marketing, 27, 2, 142-150.

Xiao, T., Yang, D. (2008), Price and Service Competition of Supply Chains with Risk-Averse Retailers Under Demand Uncertainty, International Journal of Production Economics, 114, 1, 187-200.

Xu, G., Dan, B., Zhang, X., Liu, C. (2014), Coordinating a Dual-Channel Supply Chain with Risk-Averse under a Two-Way Revenue Sharing Contract, International Journal of Production Economics, 147, 171-179.

Xu, X., Hopp, W. J. (2009), Technical Note – Price Trends in a Dynamic Pricing Model with Heterogeneous Customers: A Martingale Perspective, Operations Research, 57, 5, 1298-1302.

Yadav, M. S., Pavlou, P. A. (2014), Marketing in Computer-Mediated Environments: Research Synthesis and New Directions, Journal of Marketing, 78, 1, 20-40.

Yan, R. (2008), Profit Sharing and Firm Performance in the Manufacturer-Retailer Dual-Channel Supply Chain, Electronic Commerce Research, 8, 3, 155-172.

Yan, R. (2011), Managing Channel Coordination in a Multi-Channel Manufacturer-Retailer Supply Chain, Industrial Marketing Management, 40, 4, 636-642.

Yoo, W. S., Lee, E. (2011), Internet Channel Entry: A Strategic Analysis of Mixed Channel Structures, Marketing Science, 30, 1, 29-41.

Zettelmeyer, F., Morton, F. S., Silva-Risso, J. (2006), How the Internet Lowers Prices: Evidence from Matched Survey and Automobile Transaction Data, Journal of Marketing Research, 43, 2, 168-181.

Zhang, J., Farris, P. W., Irvin, J. W., Kushwaha, T., Steenburgh, T. J., Weitz, B. A. (2010), Crafting Integrated Multichannel Retailing Strategies, Journal of Interactive Marketing, 24, 2, 168-180.

Zhang, J. Z., Netzer, O., Ansari, A. (2014), Dynamic Targeted Pricing in B2B Relationships, Marketing Science, 33, 3, 317-337.

Zhang, X., Jiang, B. (2014), Increasing Price Transparency: Implications of Consumer Price Posting for Consumers' Haggling Behavior and a Seller's Pricing Strategies, Journal of Interactive Marketing, 28, 1, 68-85.